全国普法学习读本

U0460913

妇女权益与继承类法律法规学习读本

家庭继承法律法规

叶浦芳　主编

加大全民普法力度，建设社会主义法治文化，树立宪法法律
至上、法律面前人人平等的法治理念。

—— 中国共产党第十九次全国代表大会《决胜全面建
成小康社会　夺取新时代中国特色社会主义伟大胜利》

汕头大学出版社

图书在版编目（CIP）数据

家庭继承法律法规／叶浦芳主编 . -- 汕头：汕头
大学出版社（2021 . 7 重印）
（妇女权益与继承类法律法规学习读本）
ISBN 978-7-5658-3331-1

Ⅰ. ①家… Ⅱ. ①叶… Ⅲ. ①继承法-中国-学习参
考资料 Ⅳ. ①D923.54

中国版本图书馆 CIP 数据核字（2018）第 000830 号

家庭继承法律法规 　　　JIATING JICHENG FALÜ FAGUI

主　　编：叶浦芳
责任编辑：汪艳蕾
责任技编：黄东生
封面设计：大华文苑
出版发行：汕头大学出版社
　　　　　广东省汕头市大学路 243 号汕头大学校园内　　邮政编码：515063
电　　话：0754-82904613
印　　刷：三河市南阳印刷有限公司
开　　本：690mm×960mm 1/16
印　　张：18
字　　数：226 千字
版　　次：2018 年 1 月第 1 版
印　　次：2021 年 7 月第 2 次印刷
定　　价：59.60 元（全 2 册）
ISBN 978-7-5658-3331-1

前　言

习近平总书记指出："推进全民守法，必须着力增强全民法治观念。要坚持把全民普法和守法作为依法治国的长期基础性工作，采取有力措施加强法制宣传教育。要坚持法治教育从娃娃抓起，把法治教育纳入国民教育体系和精神文明创建内容，由易到难、循序渐进不断增强青少年的规则意识。要健全公民和组织守法信用记录，完善守法诚信褒奖机制和违法失信行为惩戒机制，形成守法光荣、违法可耻的社会氛围，使遵法守法成为全体人民共同追求和自觉行动。"

中共中央、国务院曾经转发了中央宣传部、司法部关于在公民中开展法治宣传教育的规划，并发出通知，要求各地区各部门结合实际认真贯彻执行。通知指出，全民普法和守法是依法治国的长期基础性工作。深入开展法治宣传教育，是全面建成小康社会和新农村的重要保障。

普法规划指出：各地区各部门要根据实际需要，从不同群体的特点出发，因地制宜开展有特色的法治宣传教育坚持集中法治宣传教育与经常性法治宣传教育相结合，深化法律进机关、进乡村、进社区、进学校、进企业、进单位的"法律六进"主题活动，完善工作标准，建立长效机制。

特别是农业、农村和农民问题，始终是关系党和人民事业发展的全局性和根本性问题。党中央、国务院发布的《关于推进社会主义新农村建设的若干意见》中明确提出要"加强农村法制建设，深入开展农村普法教育，增强农民的法制观念，提高农民依法行使权利和履行义务的自觉性。"多年普法实践证明，普及法律知识，提高法制观念，增强全社会依法办事意识具有重要作用。特别是在广大农村进行普法教育，是提高全民法律素质的需要。

多年来，我国在农村实行的改革开放取得了极大成功，农村发生了翻天覆地的变化，广大农民生活水平大大得到了提高。但是，由于历史和社会等原因，现阶段我国一些地区农民文化素质还不高，不学法、不懂法、不守法现象虽然较原来有所改变，但仍有相当一部分群众的法制观念仍很淡化，不懂、不愿借助法律来保护自身权益，这就极易受到不法的侵害，或极易进行违法犯罪活动，严重阻碍了全面建成小康社会和新农村步伐。

为此，根据党和政府的指示精神以及普法规划，特别是根据广大农村农民的现状，在有关部门和专家的指导下，特别编辑了这套《全国普法学习读本》。主要包括了广大人民群众应知应懂、实际实用的法律法规。为了辅导学习，附录还收入了相应法律法规的条例准则、实施细则、解读解答、案例分析等；同时为了突出法律法规的实际实用特点，兼顾地方性和特殊性，附录还收入了部分某些地方性法律法规以及非法律法规的政策文件、管理制度、应用表格等内容，拓展了本书的知识范围，使法律法规更"接地气"，便于读者学习掌握和实际应用。

在众多法律法规中，我们通过甄别，淘汰了废止的，精选了最新的、权威的和全面的。但有部分法律法规有些条款不适应当下情况了，却没有颁布新的，我们又不能擅自改动，只得保留原有条款，但附录却有相应的补充修改意见或通知等。众多法律法规根据不同内容和受众特点，经过归类组合，优化配套。整套普法读本非常全面系统，具有很强的学习性、实用性和指导性，非常适合用于广大农村和城乡普法学习教育与实践指导。总之，是全国全民普法的良好读本。

目　录

中华人民共和国继承法

中华人民共和国收养法

附　录

中华人民共和国继承法

中华人民共和国主席令

第二十四号

《中华人民共和国继承法》已由中华人民共和国第六届全国人民代表大会第三次会议于 1985 年 4 月 10 日通过，现予公布，自 1985 年 10 月 1 日起施行。

中华人民共和国主席　李先念

1985 年 4 月 10 日

第一章　总　则

第一条　根据《中华人民共和国宪法》规定，为保护公民的私有财产的继承权，制定本法。

第二条　继承从被继承人死亡时开始。

第三条　遗产是公民死亡时遗留的个人合法财产，包括：

（一）公民的收入；

（二）公民的房屋、储蓄和生活用品；

（三）公民的林木、牲畜和家禽；

（四）公民的文物、图书资料；

（五）法律允许公民所有的生产资料；

（六）公民的著作权、专利权中的财产权利；

（七）公民的其他合法财产。

第四条 个人承包应得的个人收益，依照本法规定继承。个人承包，依照法律允许由继承人继续承包的，按照承包合同办理。

第五条 继承开始后，按照法定继承办理；有遗嘱的，按照遗嘱继承或者遗赠办理；有遗赠扶养协议的，按照协议办理。

第六条 无行为能力人的继承权、受遗赠权，由他的法定代理人代为行使。

限制行为能力人的继承权、受遗赠权，由他的法定代理人代为行使，或者征得法定代理人同意后行使。

第七条 继承人有下列行为之一的，丧失继承权：

（一）故意杀害被继承人的；

（二）为争夺遗产而杀害其他继承人的；

（三）遗弃被继承人的，或者虐待被继承人情节严重的；

（四）伪造、篡改或者销毁遗嘱，情节严重的。

第八条 继承权纠纷提起诉讼的期限为二年，自继承人知道或者应当知道其权利被侵犯之日起计算。但是，自继承开始之日起超过二十年的，不得再提起诉讼。

第二章　法定继承

第九条　继承权男女平等。

第十条　遗产按照下列顺序继承：

第一顺序：配偶、子女、父母。

第二顺序：兄弟姐妹、祖父母、外祖父母。

继承开始后，由第一顺序继承人继承，第二顺序继承人不继承。没有第一顺序继承人继承的，由第二顺序继承人继承。

本法所说的子女，包括婚生子女、非婚生子女、养子女和有扶养关系的继子女。

本法所说的父母，包括生父母、养父母和有扶养关系的继父母。

本法所说的兄弟姐妹，包括同父母的兄弟姐妹、同父异母或者同母异父的兄弟姐妹、养兄弟姐妹、有扶养关系的继兄弟姐妹。

第十一条　被继承人的子女先于被继承人死亡的，由被继承人的子女的晚辈直系血亲代位继承。代位继承人一般只能继承他的父亲或者母亲有权继承的遗产份额。

第十二条　丧偶儿媳对公、婆，丧偶女婿对岳父、岳母，尽了主要赡养义务的，作为第一顺序继承人。

第十三条　同一顺序继承人继承遗产的份额，一般应当均等。

对生活有特殊困难的缺乏劳动能力的继承人，分配遗产时，应当予以照顾。

对被继承人尽了主要扶养义务或者与被继承人共同生活的继承人，分配遗产时，可以多分。

有扶养能力和有扶养条件的继承人，不尽扶养义务的，分配遗产时，应当不分或者少分。

继承人协商同意的，也可以不均等。

第十四条　对继承人以外的依靠被继承人扶养的缺乏劳动能力又没有生活来源的人，或者继承人以外的对被继承人扶养较多的人，可以分给他们适当的遗产。

第十五条　继承人应当本着互谅互让、和睦团结的精神，协商处理继承问题。遗产分割的时间、办法和份额，由继承人协商确定。协商不成的，可以由人民调解委员会调解或者向人民法院提起诉讼。

第三章　遗嘱继承和遗赠

第十六条　公民可以依照本法规定立遗嘱处分个人财产，并可以指定遗嘱执行人。

公民可以立遗嘱将个人财产指定由法定继承人的一人或者数人继承。

公民可以立遗嘱将个人财产赠给国家、集体或者法定继承人以外的人。

第十七条　公证遗嘱由遗嘱人经公证机关办理。

自书遗嘱由遗嘱人亲笔书写，签名，注明年、月、日。

代书遗嘱应当有两个以上见证人在场见证，由其中一人代书，注明年、月、日，并由代书人、其他见证人和遗嘱人签名。

以录音形式立的遗嘱，应当有两个以上见证人在场见证。

遗嘱人在危急情况下，可以立口头遗嘱。口头遗嘱应当有两个以上见证人在场见证。危急情况解除后，遗嘱人能够用书面或者录音形式立遗嘱的，所立的口头遗嘱无效。

第十八条 下列人员不能作为遗嘱见证人：

（一）无行为能力人、限制行为能力人；

（二）继承人、受遗赠人；

（三）与继承人、受遗赠人有利害关系的人。

第十九条 遗嘱应当对缺乏劳动能力又没有生活来源的继承人保留必要的遗产份额。

第二十条 遗嘱人可以撤销、变更自己所立的遗嘱。

立有数份遗嘱，内容相抵触的，以最后的遗嘱为准。

自书、代书、录音、口头遗嘱，不得撤销、变更公证遗嘱。

第二十一条 遗嘱继承或者遗赠附有义务的，继承人或者受遗赠人应当履行义务。没有正当理由不履行义务的，经有关单位或者个人请求，人民法院可以取消他接受遗产的权利。

第二十二条 无行为能力人或者限制行为能力人所立的遗嘱无效。

遗嘱必须表示遗嘱人的真实意思，受胁迫、欺骗所立的遗嘱无效。

伪造的遗嘱无效。

遗嘱被篡改的，篡改的内容无效。

第四章　遗产的处理

第二十三条　继承开始后，知道被继承人死亡的继承人应当及时通知其他继承人和遗嘱执行人。继承人中无人知道被继承人死亡或者知道被继承人死亡而不能通知的，由被继承人生前所在单位或者住所地的居民委员会、村民委员会负责通知。

第二十四条　存有遗产的人，应当妥善保管遗产，任何人不得侵吞或者争抢。

第二十五条　继承开始后，继承人放弃继承的，应当在遗产处理前，作出放弃继承的表示。没有表示的，视为接受继承。

受遗赠人应当在知道受遗赠后两个月内，作出接受或者放弃受遗赠的表示。到期没有表示的，视为放弃受遗赠。

第二十六条　夫妻在婚姻关系存续期间所得的共同所有的财产，除有约定的以外，如果分割遗产，应当先将共同所有的财产的一半分出为配偶所有，其余的为被继承人的遗产。

遗产在家庭共有财产之中的，遗产分割时，应当先分出他人的财产。

第二十七条　有下列情形之一的，遗产中的有关部分按照法定继承办理：

（一）遗嘱继承人放弃继承或者受遗赠人放弃受遗赠的；

（二）遗嘱继承人丧失继承权的；

（三）遗嘱继承人、受遗赠人先于遗嘱人死亡的；

（四）遗嘱无效部分所涉及的遗产；

（五）遗嘱未处分的遗产。

第二十八条 遗产分割时，应当保留胎儿的继承份额。胎儿出生时是死体的，保留的份额按照法定继承办理。

第二十九条 遗产分割应当有利于生产和生活需要，不损害遗产的效用。

不宜分割的遗产，可以采取折价、适当补偿或者共有等方法处理。

第三十条 夫妻一方死亡后另一方再婚的，有权处分所继承的财产，任何人不得干涉。

第三十一条 公民可以与扶养人签订遗赠扶养协议。按照协议，扶养人承担该公民生养死葬的义务，享有受遗赠的权利。

公民可以与集体所有制组织签订遗赠扶养协议。按照协议，集体所有制组织承担该公民生养死葬的义务，享有受遗赠的权利。

第三十二条 无人继承又无人受遗赠的遗产，归国家所有；死者生前是集体所有制组织成员的，归所在集体所有制组织所有。

第三十三条 继承遗产应当清偿被继承人依法应当缴纳的税款和债务，缴纳税款和清偿债务以他的遗产实际价值为限。超过遗产实际价值部分，继承人自愿偿还的不在此限。

继承人放弃继承的，对被继承人依法应当缴纳的税款和债务可以不负偿还责任。

第三十四条 执行遗赠不得妨碍清偿遗赠人依法应当缴纳的税款和债务。

第五章　附　则

第三十五条 民族自治地方的人民代表大会可以根据本法

的原则，结合当地民族财产继承的具体情况，制定变通的或者补充的规定。自治区的规定，报全国人民代表大会常务委员会备案。自治州、自治县的规定，报省或者自治区的人民代表大会常务委员会批准后生效，并报全国人民代表大会常务委员会备案。

第三十六条 中国公民继承在中华人民共和国境外的遗产或者继承在中华人民共和国境内的外国人的遗产，动产适用被继承人住所地法律，不动产适用不动产所在地法律。

外国人继承在中华人民共和国境内的遗产或者继承在中华人民共和国境外的中国公民的遗产，动产适用被继承人住所地法律，不动产适用不动产所在地法律。

中华人民共和国与外国订有条约、协定的，按照条约、协定办理。

第三十七条 本法自 1985 年 10 月 1 日起施行。

附　录

最高人民法院关于贯彻执行
《中华人民共和国继承法》
若干问题的意见

法（民）发〔1985〕22 号

1985 年 9 月 11 日，最高人民法院第六届全国人民代表大会第三次会议通过的《中华人民共和国继承法》，是我国公民处理继承问题的准则，是人民法院正确、及时审理继承案件的依据。人民法院贯彻执行继承法，要根据社会主义的法制原则，坚持继承权男女平等，贯彻互相扶助和权利义务相一致的精神，依法保护公民的私有财产的继承权。

为了正确贯彻执行继承法，我们根据继承法的有关规定和审判实践经验，对审理继承案件中具体适用继承法的一些问题，提出以下意见，供各级人民法院在审理继承案件时试行。

一、关于总则部分

1. 继承从被继承人生理死亡或被宣告死亡时开始。

失踪人被宣告死亡的，以法院判决中确定的失踪人的死亡日期，为继承开始的时间。

2. 相互有继承关系的几个人在同一事件中死亡，如不能确定死亡先后时间的，推定没有继承人的人先死亡。死亡人各自都有继承人的，如几个死亡人辈份不同，推定长辈先死亡；几个死亡人辈份相同，推定同时死亡，彼此不发生继承，由他们各自的继承人分别继承。

3. 公民可继承的其他合法财产包括有价证券和履行标的为财物的债权等。

4. 承包人死亡时尚未取得承包收益的，可把死者生前对承包所投入的资金和所付出的劳动及其增值和孳息，由发包单位或者接续承包合同的人合理折价、补偿，其价额作为遗产。

5. 被继承人生前与他人订有遗赠扶养协议，同时又立有遗嘱的，继承开始后，如果遗赠扶养协议与遗嘱没有抵触，遗产分别按协议和遗嘱处理；如果有抵触，按协议处理，与协议抵触的遗嘱全部或部分无效。

6. 遗嘱继承人依遗嘱取得遗产后，仍有权依继承法第十三条的规定取得遗嘱未处分的遗产。

7. 不满六周岁的儿童、精神病患者，可以认定其为无行为能力人。已满六周岁，不满十八周岁的未成年人，应当认定其为限制行为能力人。

8. 法定代理人代理被代理人行使继承权、受遗赠权，不得损害被代理人的利益。法定代理人一般不能代理被代理人放弃继承权、受遗赠权。明显损害被代理人利益的，应认定其代理行为无效。

9. 在遗产继承中，继承人之间因是否丧失继承权发生纠纷，诉讼到人民法院的，由人民法院根据继承法第七条的规定，判决确认其是否丧失继承权。

10. 继承人虐待被继承人情节是否严重，可以从实施虐待行为的时间、手段、后果和社会影响等方面认定。

虐待被继承人情节严重的，不论是否追究刑事责任，均可确认其丧失继承权。

11. 继承人故意杀害被继承人的，不论是既遂还是未遂，均应确认其丧失继承权。

12. 继承人有继承法第七条第（一）项或第（二）项所列之行为，而被继承人以遗嘱将遗产指定由该继承人继承的，可确认遗嘱无效，并按继承法第七条的规定处理。

13. 继承人虐待被继承人情节严重的，或者遗弃被继承人的，如以后确有悔改表现，而且被虐待人、被遗弃人生前又表示宽恕，可不确认其丧失继承权。

14. 继承人伪造、篡改或者销毁遗嘱，侵害了缺乏劳动能力又无生活来源的继承人的利益，并造成其生活困难的，应认定其行为情节严重。

15. 在诉讼时效期间内，因不可抗拒的事由致继承人无法主张继承权利的，人民法院可按中止诉讼时效处理。

16. 继承人在知道自己的权利受到侵犯之日起的二年之内，其遗产继承权纠纷确在人民调解委员会进行调解期间，可按中止诉讼时效处理。

17. 继承人因遗产继承纠纷向人民法院提起诉讼，诉讼时效即为中断。

18. 自继承开始之日起的第 18 年后至第 20 年期间内，继承人才知道自己的权利被侵犯的，其提起诉讼的权利，应当在继承开始之日起的 20 年之内行使，超过 20 年的，不得再行提起诉讼。

二、关于法定继承部分

19. 被收养人对养父母尽了赡养义务，同时又对生父母扶养较多的，除可依继承法第十条的规定继承养父母的遗产外，还可依继承法第十四条的规定分得生父母的适当的遗产。

20. 在旧社会形成的一夫多妻家庭中，子女与生母以外的父亲的其他配偶之间形成扶养关系的，互有继承权。

21. 继子女继承了继父母遗产的，不影响其继承生父母的遗产。

继父母继承了继子女遗产的，不影响其继承生子女的遗产。

22. 收养他人为养孙子女，视为养父母与养子女的关系的，可互为第一顺序继承人。

23. 养子女与生子女之间、养子女与养子女之间，系养兄弟姐妹，可互为第二顺序继承人。

被收养人与其亲兄弟姐妹之间的权利义务关系，因收养关系的成立而消除，不能互为第二顺序继承人。

24. 继兄弟姐妹之间的继承权，因继兄弟姐妹之间的扶养关系而发生。没有扶养关系的，不能互为第二顺序继承人。

继兄弟姐妹之间相互继承了遗产的，不影响其继承亲兄弟姐妹的遗产。

25. 被继承人的孙子女、外孙子女、曾孙子女、外曾孙子女都可以代位继承，代位继承人不受辈数的限制。

26. 被继承人的养子女、已形成扶养关系的继子女的生子女可代位继承；被继承人亲生子女的养子女可代位继承；被继承人养子女的养子女可代位继承；与被继承人已形成扶养关系的继子女的养子女也可以代位继承。

27. 代位继承人缺乏劳动能力又没有生活来源，或者对被继承人尽过主要赡养义务的，分配遗产时，可以多分。

28. 继承人丧失继承权的，其晚辈直系血亲不得代位继承。如该代位继承人缺乏劳动能力又没有生活来源，或对被继承人尽赡养义务较多的，可适当分给遗产。

29. 丧偶儿媳对公婆、丧偶女婿对岳父、岳母，无论其是否再婚，依继承法第十二条规定作为第一顺序继承人时，不影响其子女代位继承。

30. 对被继承人生活提供了主要经济来源，或在劳务等方面给予了主要扶助的，应当认定其尽了主要赡养义务或主要扶养义务。

31. 依继承法第十四条规定可以分给适当遗产的人，分给他们遗产时，按具体情况可多于或少于继承人。

32. 依继承法第十四条规定可以分给适当遗产的人，在其依法取得被继承人遗产的权利受到侵犯时，本人有权以独立的诉讼主体的资格向人民法院提起诉讼。但在遗产分割时，明知而未提出请求的，一般不予受理；不知而未提出请求，在二年以内起诉的，应予受理。

33. 继承人有扶养能力和扶养条件，愿意尽扶养义务，但被继承人因有固定收入和劳动能力，明确表示不要求扶养养的，分配遗产时，一般不应因此而影响其继承份额。

34. 有扶养能力和扶养条件的继承人虽然与被继承人共同生活，但对需要抚养的被继承人不尽扶养义务，分配遗产时，可以少分或者不分。

三、关于遗嘱继承部分

35. 继承法实施前订立的，形式上稍有欠缺的遗嘱，如内容合法，又有充分证据证明确为遗嘱人真实意思表示的，可以认定遗嘱有效。

36. 继承人、受遗赠人的债权人、债务人，共同经营的合伙人，也应当视为与继承人、受遗赠人有利害关系，不能作为遗嘱的见证人。

37. 遗嘱人未保留缺乏劳动能力又没有生活来源的继承人的遗产份额，遗产处理时，应当为该继承人留下必要的遗产，所剩余的部分，才可参照遗嘱确定的分配原则处理。

继承人是否缺乏劳动能力又没有生活来源，应按遗嘱生效时该继承人的具体情况确定。

38. 遗嘱人以遗嘱处分了属于国家、集体或他人所有的财产，遗嘱的这部分，应认定无效。

39. 遗嘱人生前的行为与遗嘱的意思表示相反，而使遗嘱处分的财产在继承开始前灭失、部分灭失或所有权转移、部分转移的，遗嘱视为被撤销或部分被撤销。

40. 公民在遗书中涉及死后个人财产处分的内容，确为死者真实意思的表示，有本人签名并注明了年、月、日，又无相反证据的，可按自书遗嘱对待。

41. 遗嘱人立遗嘱时必须有行为能力。无行为能力人所立的遗嘱，即使其本人后来有了行为能力，仍属无效遗嘱。遗嘱人立遗嘱时有行为能力，后来丧失了行为能力，不影响遗嘱的效力。

42. 遗嘱人以不同形式立有数份内容相抵触的遗嘱，其中有公证遗嘱的，以最后所立公证遗嘱为准；没有公证遗嘱的，以最后所立的遗嘱为准。

43. 附义务的遗嘱继承或遗赠，如义务能够履行，而继承人、受遗赠人无正当理由不履行，经受益人或其他继承人请求，人民法院可以取消他接受附义务那部分遗产的权利，由提出请示的继承人或受益人负责按遗嘱人的意愿履行义务，接受遗产。

四、关于遗产的处理部分

44. 人民法院在审理继承案件时，如果知道有继承人而无法通知的，分割遗产时，要保留其应继承的遗产，并确定该遗产的保管人或保管单位。

45. 应当为胎儿保留的遗产份额没有保留的应从继承人所继承的遗产中扣回。

为胎儿保留的遗产份额，如胎儿出生后死亡的，由其继承人继承；如胎儿出生时就是死体的，由被继承人的继承人继承。

46. 继承人因放弃继承权，致其不能履行法定义务的，放弃继承权的行为无效。

47. 继承人放弃继承应当以书面形式向其他继承人表示。用口头方式表示放弃继承，本人承认，或有其他充分证据证明的，也应当认定其有效。

48. 在诉讼中，继承人向人民法院以口头方式表示放弃继承的，要制作笔录，由放弃继承的人签名。

49. 继承人放弃继承的意思表示，应当在继承开始后、遗产分割前作出。遗产分割后表示放弃的不再是继承权，而是所有权。

50. 遗产处理前或在诉讼进行中，继承人对放弃继承翻悔的，由人民法院根据其提出的具体理由，决定是否承认。遗产处理后，继承人对放弃继承翻悔的，不予承认。

51. 放弃继承的效力，追溯到继承开始的时间。

52. 继承开始后，继承人没有表示放弃继承，并于遗产分割前死亡的，其继承遗产的权利转移给他的合法继承人。

53. 继承开始后，受遗赠人表示接受遗赠，并于遗产分割前死亡的，其接受遗赠的权利转移给他的继承人。

54. 由国家或集体组织供给生活费用的烈属和享受社会救济的城市居民，其遗产仍应准许合法继承人继承。

55. 集体组织对"五保户"实行"五保"时，双方有扶养协议的，按协议处理；没有扶养协议，死者有遗嘱继承人或法定继承人要求继承的，按遗嘱继承或法定继承处理，但集体组织有权要求扣回"五保"费用。

56. 扶养人或集体组织与公民订有遗赠扶养协议，扶养人或集体组织无正当理由不履行，致协议解除的，不能享有受遗赠的权利，其支付的供养费用一般不予补偿；遗赠人无正当理由不履行，致协议解除的，则应偿还扶养人或集体组织已支付的供养费用。

57. 遗产因无人继承收归国家或集体组织所有时，按继承法第十四条规定可以分给遗产的人提出取得遗产的要求，人民法院应视情况适当分给遗产。

58. 人民法院在分割遗产中的房屋、生产资料和特定职业所需要的财产时，应依据有利于发挥其使用效益和继承人的实际需要，兼顾各继承人的利益进行处理。

59. 人民法院对故意隐匿、侵吞或争抢遗产的继承人，可以酌情减少其应继承的遗产。

60. 继承诉讼开始后，如继承人、受遗赠人中有既不愿参加诉讼，又不表示放弃实体权利的，应追加为共同原告；已明确表示放弃继承的，不再列为当事人。

61. 继承人中有缺乏劳动能力又没有生活来源的人，即使遗产不足清偿债务，也应为其保留适当遗产，然后再按继承法第三十三条和民事诉讼法第一百八十条的规定清偿债务。

62. 遗产已被分割而未清偿债务时，如有法定继承又有遗嘱继承和遗赠的，首先由法定继承人用其所得遗产清偿债务；不足清偿时，剩余的债务由遗嘱继承人和受遗赠人按比例用所得遗产偿还；如果只有遗嘱继承和遗赠的，由遗嘱继承人和受遗赠人按比例用所得遗产偿还。

五、关于附则部分

63. 涉外继承，遗产为动产的，适用被继承人住所地法律，即适用被继承人生前最后住所地国家的法律。

64. 继承法施行前，人民法院已经审结的继承案件，继承法施行后，按审判监督程序提起再审的，适用审结时的有关政策、法律。

人民法院对继承法生效前已经受理、生效时尚未审结的继承案件，适用继承法。但不得再以超过诉讼时效为由驳回起诉。

最高人民法院

1985 年 9 月 11 日

遗嘱公证细则

中华人民共和国司法部令
第 57 号

《遗嘱公证细则》已经 2000 年 3 月 1 日司法部部长办公会议通过，现予发布施行。

司法部部长

二〇〇〇年三月二十四日

第一条 为规范遗嘱公证程序，根据《中华人民共和国继承法》、《中华人民共和国公证暂行条例》等有关规定，制定本细则。

第二条 遗嘱是遗嘱人生前在法律允许的范围内，按照法律规定的方式处分其个人财产或者处理其他事务，并在其死亡时发生效力的单方法律行为。

第三条 遗嘱公证是公证处按照法定程序证明遗嘱人设立遗嘱行为真实、合法的活动。经公证证明的遗嘱为公证遗嘱。

第四条 遗嘱公证由遗嘱人住所地或者遗嘱行为发生地公证处管辖。

第五条 遗嘱人申办遗嘱公证应当亲自到公证处提出申请。

遗嘱人亲自到公证处有困难的，可以书面或者口头形式请求有管辖权的公证处指派公证人员到其住所或者临时处所办理。

第六条　遗嘱公证应当由两名公证人员共同办理，由其中一名公证员在公证书上署名。因特殊情况由一名公证员办理时，应当有一名见证人在场，见证人应当在遗嘱和笔录上签名。见证人、遗嘱代书人适用《中华人民共和国继承法>>第十八条的规定。

第七条　申办遗嘱公证，遗嘱人应当填写公证申请表，并提交下列证件和材料：

（一）居民身份证或者其他身份证件；

（二）遗嘱涉及的不动产、交通工具或者其他有产权凭证的财产的产权证明；

（三）公证人员认为应当提交的其他材料。

遗嘱人填写申请表确有困难的，可由公证人员代为填写，遗嘱人应当在申请表上签名。

第八条　对于属于本公证处管辖，并符合前条规定的申请，公证处应当受理。对于不符合前款规定的申请，公证处应当在三日内作出不予受理的决定，并通知申请人。

第九条　公证人员具有《公证程序规则（试行）》第十条规定情形的，应当自行回避，遗嘱人有权申请公证人员回避。

第十条　公证人员应当向遗嘱人讲解我国《民法通则》、《继承法》中有关遗嘱和公民财产处分权利的规定，以及公证遗嘱的意义和法律后果。

第十一条　公证处应当按照《公证程序规则（试行）》第二十三条的规定进行审查，并着重审查遗嘱人的身份及意思表示是否真实、有无受胁迫或者受欺骗等情况。

第十二条　公证人员询问遗嘱人，除见证人、翻译人员外，其他人员一般不得在场。公证人员应当按照《公证程序规则（试行）》第二十四条的规定制作谈话笔录。谈话笔录应当着重记录下列内容：

（一）遗嘱人的身体状况、精神状况；遗嘱人系老年人、间歇性精神病人、危重伤病人的，还应当记录其对事物的识别、反应能力；

（二）遗嘱人家庭成员情况，包括其配偶、子女、父母及与其共同生活人员的基本情况；

（三）遗嘱所处分财产的情况，是否属于遗嘱人个人所有，以前是否曾以遗嘱或者遗赠扶养协议等方式进行过处分，有无已设立担保、已被查封、扣押等限制所有权的情况；

（四）遗嘱人所提供的遗嘱或者遗嘱草稿的形成时间、地点和过程，是自书还是代书，是否本人的真实意愿，有无修改、补充，对遗产的处分是否附有条件；代书人的情况，遗嘱或者遗嘱草稿上的签名、盖章或者手印是否其本人所为；

（五）遗嘱人未提供遗嘱或者遗嘱草稿的，应当详细记录其处分遗产的意思表示；

（六）是否指定遗嘱执行人及遗嘱执行人的基本情况；

（七）公证人员认为应当询问的其他内容。

谈话笔录应当当场向遗嘱人宣读或者由遗嘱人阅读，遗嘱人无异议后，遗嘱人、公证人员、见证人应当在笔录上签名。

第十三条 遗嘱应当包括以下内容：

（一）遗嘱人的姓名、性别、出生日期、住址；

（二）遗嘱处分的财产状况（名称、数量、所在地点以及是否共有、抵押等）；

（三）对财产和其他事务的具体处理意见；

（四）有遗嘱执行人的，应当写明执行人的姓名、性别、年龄、住址等；

（五）遗嘱制作的日期以及遗嘱人的签名。

遗嘱中一般不得包括与处分财产及处理死亡后事宜无关的其他内容。

第十四条 遗嘱人提供的遗嘱，无修改、补充的，遗嘱人应当在公证人员面前确认遗嘱内容、签名及签署日期属实。

遗嘱人提供的遗嘱或者遗嘱草稿，有修改、补充的，经整理誊清后，应当交遗嘱人核对，并由其签名。

遗嘱人未提供遗嘱或者遗嘱草稿的，公证人员可以根据遗嘱人的意思表示代为起草遗嘱。公证人员代拟的遗嘱，应当交遗嘱人核对，并由其签名。

以上情况应当记入谈话笔录。

第十五条 两个以上的遗嘱人申请办理共同遗嘱公证的，公证处应当引导他们分别设立遗嘱。

遗嘱人坚持申请办理共同遗嘱公证的，共同遗嘱中应当明确遗嘱变更、撤销及生效的条件。

第十六条 公证人员发现有下列情形之一的，公证人员在与遗嘱人谈话时应当录音或者录像：

（一）遗嘱人年老体弱；

（二）遗嘱人为危重伤病人；

（三）遗嘱人为聋、哑、盲人；

（四）遗嘱人为间歇性精神病患者、弱智者。

第十七条 对于符合下列条件的，公证处应当出具公证书：

（一）遗嘱人身份属实，具有完全民事行为能力；

（二）遗嘱人意思表示真实；

（三）遗嘱人证明或者保证所处分的财产是其个人财产；

（四）遗嘱内容不违反法律规定和社会公共利益，内容完备，文字表述准确，签名、制作日期齐全；

（五）办证程序符合规定。

不符合前款规定条件的，应当拒绝公证。

第十八条 公证遗嘱采用打印形式。遗嘱人根据遗属原稿核对后，应当在打印的公证遗嘱上签名。

遗嘱人不会签名或者签名有困难的，可以盖章方式代替在申请表、笔录和遗嘱上的签名；遗嘱人既不能签字又无印章的，应当以按手印方式代替签名或者盖章。

有前款规定情形的，公证人员应当在笔录中注明。以按手印代替签名或者盖章的，公证人员应当提取遗嘱人全部的指纹存档。

第十九条 公证处审批人批准遗嘱公证书之前，遗嘱人死亡或者丧失行为能力的，公证处应当终止办理遗嘱公证。

遗嘱人提供或者公证人员代书、录制的遗嘱，符合代书遗嘱条件或者经承办公证人员见证符合自书、录音、口头遗嘱条件的，公证处可以将该遗嘱发给遗嘱受益人，并将其复印件存入终止公证的档案。

公证处审批人批准之后，遗嘱人死亡或者丧失行为能力的，公证处应当完成公证遗嘱的制作。遗嘱人无法在打印的公证遗嘱上签名的，可依符合第十七条规定的遗嘱原稿的复印件制作公证遗嘱，遗嘱原稿留公证处存档。

第二十条　公证处可根据《中华人民共和国公证暂行条例》规定保管公证遗嘱或者自书遗嘱、代书遗嘱、录音遗嘱；也可根据国际惯例保管密封遗嘱。

第二十一条　遗嘱公证卷应当列为密卷保存。遗嘱人死亡后，转为普通卷保存。

公证遗嘱生效前，遗嘱卷宗不得对外借阅，公证人员亦不得对外透露遗嘱内容。

第二十二条　公证遗嘱生效前，非经遗嘱人申请并履行公证程序，不得撤销或者变更公证遗嘱。

遗嘱人申请撤销或者变更公证遗嘱的程序适用本规定。

第二十三条　公证遗嘱生效后，与继承权益相关的人员有确凿证据证明公证遗嘱部分违法的，公证处应当予以调查核实；经调查核实，公证遗嘱部分内容确属违法的，公证处应当撤销对公证遗嘱中违法部分的公证证明。

第二十四条　因公证人员过错造成错证的，公证处应当承担赔偿责任。有关公证赔偿的规定，另行制定。

第二十五条　本细则由司法部解释。

第二十六条　本细则自 2000 年 7 月 1 日起施行。

遗产继承类别

（本文为参考资料）

一、法定继承

法定继承，是指按照法律直接规定的继承人范围、继承顺序和遗产分配原则等进行财产继承的一种继承制度。法定继承是一个强制性规范，除被继承人生前依法以遗嘱的方式改变外，其他任何人均无法改变。

根据《继承法》第二十七条以及《最高人民法院关于贯彻执行〈继承法〉若干问题的意见》的有关规定，有下列情形之一的，适用法定继承：被继承人生前未设立遗嘱继承或遗赠，也没有遗赠扶养协议的；全部无效或部分无效遗嘱所涉及的遗产；遗嘱未处分的部分遗产；遗嘱继承人或受遗赠人放弃继承或受遗赠；遗嘱继承人丧失继承权；遗嘱继承人、受遗赠人先于遗嘱人死亡的。

法定继承人的范围，依《继承法》第十、第十二条的规定，有配偶、子女、父母、兄弟姐妹、祖父母、外祖父母，以及对公婆或岳父母尽了主要赡养义务的丧偶儿媳与丧偶女婿。并按照以下顺序继承：第一顺序：配偶、子女、父母。对公婆或岳父母尽了主要赡养义务的丧偶儿媳与丧偶女婿，作为第一顺序继承人。第二顺序：兄弟姐妹、祖父母、外祖父母。继承开始后，由第一顺序继承人继承，第二顺序继承人不继承。没有第一顺序继承人继承的，由第二顺序继承人继承。

从被继承人死亡时开始，其法定继承人的继承权即告成立。隶属于第一顺序的继承人随时可提出继承遗产，亦可在遗产分割前明确表示放弃继承权。未作明示放弃的，则视为默认其继承权。当其他继承人故意拖延，导致继承权无法实现时，主张分割遗产的继承人可向法院提出继承遗产诉讼，其他继承人均为被告。

二、遗嘱继承

遗嘱继承，又称指定继承，是法定继承的对称。是指被继承人生前通过立遗嘱的形式确定其个人财产在其死亡后的继承人及分配的法律制度。《继承法》第十六条规定，"公民可以依照本法规定立遗嘱处分个人财产，并可以指定遗嘱执行人。"

遗嘱的形式根据《继承法》第十七条的规定，遗嘱有以下五种形式：

（一）公证遗嘱

即立遗嘱人至公证机关对其遗嘱行为及遗嘱内容进行公证；

（二）自书遗嘱

即立遗嘱人亲笔书写的遗嘱，该遗嘱必须由立遗嘱人亲笔签名，并注意年、月、日。

（三）代书遗嘱

即立遗嘱人委托他人代笔书写的遗嘱。代书遗嘱应有两个以上见证人在场，其中一人代书，注明年、月、日，并由代书人、其他见证人和遗嘱人签名。见证人不得为遗嘱确定的继承人。

（四）录音遗嘱

即立遗嘱人通过录音或录像的形式，确定其遗嘱的内容。

录音遗嘱同代书遗嘱一样，需要有两个以上的见证人在场，并将其见证的情况进行录音、录像。完后，应将录音、录像内容封存，封口由见证人及遗嘱人签名盖封。

（五）口头遗嘱

即立遗嘱人在危急情况下，无条件书写、录音或办理公证时，口头订立遗嘱的行为。口头遗嘱应当有两个以上见证人在场见证。危急情况解除后，遗嘱人能够用书面或者录音形式立遗嘱的，所立的口头遗嘱无效。

由于法律并不限制公民立遗嘱的次数及形式，实质上亦为尊重公民随时改变遗嘱的意愿，因而在现实生活中会存在多份遗嘱并存的情况。对于多份遗嘱的效力认定，根据《最高人民法院关于贯彻执行〈继承法〉若干问题的意见》第四十二条："遗嘱人以不同形式立有数份内容抵触的遗嘱，其中有公证遗嘱的，以最后所立公证遗嘱为准；没有公证遗嘱的，以最后所立的遗嘱为准。"

遗嘱中所确定的继承人先于被继承人死亡的，该遗嘱即告失效。在继承人死亡后，遗嘱中所涉及的遗产应按法定继承办理。

三、代位继承

代位继承，又称"间接继承"。是指在法定继承中，被继承人的子女先于被继承人死亡的，被继承人的子女的晚辈直系血亲代替其父母的继承顺序继承被继承人的遗产的法律制度。该制度的设立是基于，继承权的行使主体应为实际生存，若继承人先于被继承人死亡，显然无法行使继承权利。为了保障先于被继承人死亡的继承人的晚辈直系血亲的物质及经济利益，因而设立了代位继承制度。《继承法》第十一条规定，"被继承人的子女先于被继承人死亡的，由被继承人的子女的晚辈直系血亲代位继承。代位继承人一般只能继承他的父亲或者母亲有权继承的遗产。"

代位继承只适用于法定继承的第一顺序中先于被继承人死亡的子女。代位继承具有以下法律特征：

（一）代位继承的发生，必须有被继承人的子女先于被继承人死亡的法律事实。被继承人的子女也就是被代位人，包括有继承权的婚生子女、非婚生子女、养子女和有扶养关系的继子女。被继承人子女的死亡，包括民法所涉及的自然死亡和被宣告死亡。

（二）代位继承人必须是被继承人子女的晚辈直系血亲。即被继承人的孙子女、外孙子女或曾孙子女、外曾孙子女等。代位继承不受辈数限制。

（三）代位继承人一般只能取得被代位人应继承的遗产份额。无论代位继承人人数多寡，也只是代替被代位人行使继承权。

（四）被代位继承人生前必须具有继承权。如果被继承人的子女生前已经丧失了继承权，则其晚辈直系血亲不得代位继承。

（五）代位继承只适用于法定继承方式。这是因为遗嘱必须以立遗嘱人死亡为生效的条件，在遗嘱继承人先于立遗嘱人死亡的情况下，遗嘱无效。

代位继承权的实现前提是被继承人的子女先于被继承人死亡。需要注意的是，代位继承同样适用于胎儿的保留份，其原理与法定继承中的胎儿保留份是一致的。

四、转继承

转继承，又称为再继承、连续继承，它是指继承人在继承开始后、遗产分割前死亡，其应继承的遗产转由他的合法继承人来继承的制度。实际接受遗产的已死亡继承人的继承人称为转继承人；已死亡的继承人称为被转继承人。

《最高人民法院关于贯彻执行〈继承法〉若干问题的意见》第五十二条规定："继承开始后，继承人没有表示放弃继承，并于遗产分割前死亡的，其继承遗产的权利转移给他的合法继承人。"转继承的规定，不光适用于法定继承，还适用于遗嘱继承，以及遗赠。上述《意见》第五十三条还规定："继承开始后，受遗赠人表示接受遗赠，并于遗产分割前死亡的，其接受遗赠的权利转移给他的继承人。"

由于转继承与代位继承都是在继承人与被继承人死亡的条件下产生，现实生活中容易搞混。其区别主要表现在以下几个方面：

（一）两者适用的条件与时间不同。转继承适用的前提是继承人后于被继承人死亡，未实际取得遗产前；代位继承适用的前提是继承人先于被继承人死亡，且为被继承人的子或女。

（二）两者适用继承的范围不同。转继承既可以发生于法定继承之中，亦可以发生在遗嘱继承和遗赠、遗赠扶养协议等多种场合。代位继承只能适用于法定继承之中。

（三）两者适用的主体不同。被转继承人为享有继承权的全体继承人或受遗赠人；享有转继承权的人，通常都是被转继承人的若干法定继承人，不限于被转继承人的晚辈直系血亲。而被代位继承人仅为被继承人的子女；代位继承人只能是被代位继承人的晚辈直系血亲。

（四）两者的客体不同。转继承的客体为被转继承人未能分得的遗产份额。代位继承的客体是被代位人不能取得的应继份。

（五）两者的继承权利与义务不同。转继承引申出两个层次的遗产继受关系，转继承人所继承的是被继承人的权利义务，同时还会发生其继承被继承人继承的权利义务。代位继承则是单一的遗产继受关系，代位继承人代替被继承人所继承的，只是被继承人继承的权利义务。

（六）两者应继承份额的归属不同。转继承中可发生被转继承人的应继承份额归其配偶共有的情形；代位继承中被代位人期待的应继份则均归代位人，不发生与被代位人的配偶共有问题。

在转继承中，转继承人的配偶可主张分割已死亡的转继承人应继承的份额。而在婚姻关系存续期间，任何一方依法应享有继承权而未开始分割的，配偶则无权主张分配遗产。

五、遗赠

所谓遗赠，就是指公民通过设立遗嘱，将其个人所拥有的财产的一部或者全部，待其死亡后无偿赠送给国家、集体组织、社会团体或者法定继承人以外的人的行为。《继承法》第十六条规定："公民可以立遗嘱将个人财产赠给国家、集体或者法定继承人以外的人。"

公民通过遗赠给与受遗赠人的既可以是财产权利，也可以是免除其财产义务。公民订立遗赠时，可以对遗赠附加条件，也即可以要求受遗赠人履行某种义务。但该附加的义务并不是遗赠的对价，也不能超过受遗赠人所得的财产利益。《继承法》

第 21 条规定："遗嘱继承或者遗赠附有义务的，继承人或者受遗赠人应当履行义务。没有正当理由不履行义务的，经有关单位或者个人请求，人民法院可以取消他接受遗产的权利。"

此外，遗赠的设立应当对缺乏劳动能力又没有生活来源的继承人保留必要的遗产份额。同时，对出生后将成为法定继承人的胎儿，亦应当保留继承份额。

在司法实践中，有判例将赠与给婚外情人的遗赠予以撤销，主要基于该遗赠行为违背社会公序良俗原则而归于无效。

在遗赠合法有效的情况下，受遗赠应在知道该遗赠的两个月内积极向遗赠执行人主张接受遗赠。没有执行人或被遗赠人的继承人阻挠的，可通过诉至法院的形式，确认该遗赠的效力并取得遗产。

遗产继承中常见纠纷的处理方法

（本文为参考资料）

现实生活里，中国遗产继承中常见的纠纷有法定继承纠纷、转继承纠纷、代位继承纠纷、遗嘱继承纠纷、被继承人债务清偿纠纷、遗赠纠纷和遗赠抚养协议纠纷等。

对于上述纠纷，应分别作如下处理：

一、法定继承纠纷的处理

法定继承是指依据法律直接规定的继承人范围、顺序和遗产分配原则，将遗产分配给合法的继承人的继承方式。根据我国法律法规及有关司法解释，依据下述规定解决法定继承纠纷。

（一）继承权男女平等。

（二）遗产按照下列顺序继承：第一顺序：配偶、子女、父。第二顺序：兄弟姐妹、祖父母、外祖父母。

（三）继承开始后，由第一顺序继承人继承，第二顺序继承人不继承。没有第一顺序继承人继承的，由第二顺序继承人继承。

（四）子女包括婚生子女、非婚生子女、养子女和有扶养关系的继子女。父母包括生父母、养父母和有扶养关系的继父母。兄弟姐妹包括同父母的兄弟姐妹、同父异母或者同母异父的兄弟姐妹、养兄弟姐妹、有扶养关系的继兄弟姐妹。

（五）被继承人的子女先于被继承人死亡的，由被继承人的子女的晚辈直系血亲代位继承。代位继承人一般只能继承他的父亲或者母亲有权继承的遗产份额。

（六）丧偶儿媳对公、婆，丧偶女婿对岳父、岳母，尽了主要赡养义务的，作为第一顺序继承人。

（七）同一顺序继承人继承遗产的份额，一般应当均等。对生活有特殊困难的缺乏劳动能力的继承人，分配遗产时，应当予以照顾。对被继承人尽了主要抚养义务或者与被继承人共同生活的继承人，分配遗产时，可以多分。有抚养能力和有抚养条件的继承人，不尽抚养义务的，分配遗产时，应当不分或者少分。继承人协商同意的，也可以不均等。

二、转继承纠纷的处理

转继承是指继承人在被继承人死亡之后，尚未实际接受遗产之前死亡的，其应继承的份额转由他的法定继承人继承的行为。

常见的纠纷有其他继承人侵犯转继承人的继承权，或者剥夺转继承人的继承权，遇到此种情况，侵权人应停止其侵权行为，并将应由转继承人所得份额归还转继承人，并承担侵权责任，赔偿由于其侵权行为而造成的转继承人的损失。

三、代位继承纠纷的处理

我国法律规定，被继承人的子女先于被继承人死亡的，由被继承人的子女的晚辈直系血亲代位继承。代位继承人一般只能继承他的父亲或者母亲有权继承的遗产份额。如有代位继承纠纷，依据此条即可保障代位继承权人的继承利益。

四、遗嘱继承纠纷的处理

在所有的继承纠纷中，出现较多也是遗嘱继承纠纷，例如在数份遗嘱中，有公证遗嘱，也有未公证遗嘱；有书面遗嘱，也是口头遗嘱；有同样内容但日期不一致的遗嘱；还有日期不一致同时又有出入或者相互矛盾的遗嘱等等，那么，在这些遗嘱中，怎样判定遗嘱是否有效？以及在数份有效的遗嘱中，以哪份遗嘱为最终分割遗产的依据？

对此，我国法律规定如下：

（一）公证遗嘱由遗嘱人经公证机关办理。

（二）自书遗嘱由遗嘱人亲笔书写，签名，注明年、月、日。

（三）代书遗嘱应当有两个以上见证人在场见证，由其中一人代书，注明年、月、日，并由代书人、其他见证人和遗嘱人签名。

（四）以录音形式立的遗嘱，应当有两个以上见证人在场见证。

（五）遗嘱人在危急情况下，可以立口头遗嘱。口头遗嘱应当有两个以上见证人在场见证。危急情况解除后，遗嘱人能够用书面或者录音形式立遗嘱的，所立的口头遗嘱无效。

（六）下列人员不能作为遗嘱见证人：

1. 无行为能力人、限制行为能力人；

2. 继承人、受遗赠人；

3. 与继承人、受遗赠人有利害关系的人。

（七）遗嘱应当对缺乏劳动能力又没有生活来源的继承人保留必要的遗产份额。

（八）遗嘱人可以撤销、变更自己所立的遗嘱。

（九）立有数份遗嘱，内容相抵触的，以最后的遗嘱为准。

（十）自书、代书、录音、口头遗嘱，不得撤销、变更公证遗嘱。

（十一）无行为能力人或者限制行为能力人所立的遗嘱无效。遗嘱必须表示遗嘱人的真实意思，受胁迫、欺骗所立的遗嘱无效。伪造的遗嘱无效。遗嘱被篡改的，篡改的内容无效。

依据上述法律规定，可对遗嘱的有效性及最终有效性进行判定，并解决实践中经常出现的遗嘱继承纠纷。在遗嘱继承中，实践中还有一种情况，遗嘱是有效可执行的遗嘱，但继承人仍然不能得到遗产，也就是说，如果遗嘱继承或者遗赠附有义务的，继承人或者受遗赠人应当履行义务。没有正当理由不履行义务的，经有关单位或者个人请求，人民法院可以取消他接受遗产的权利。

五、被继承人债务清偿纠纷的处理

现实生活中，往往出现被继承人死亡以后，还遗留有尚未清偿的债务，而继承人很多时候不愿意负担这部分属于被继承人的债务，由此而产生法律纠纷。我国法律规定，继承遗产应当清偿被继承人依法应当缴纳的税款和债务，缴纳税款和清偿债务以他的遗产实际价值为限。超过遗产实际价值部分，继承人自愿偿还的不在此限。继承人放弃继承的，对被继承人依法应当缴纳的税款和债务可以不负偿还责任。执行遗赠不得妨碍清偿遗赠人依法应当缴纳的税款和债务。

六、遗赠纠纷的处理

遗赠纠纷常常发生在遗赠人设立遗嘱或者其法定继承人在实施其继承过程中产生的纠纷。我国法律规定，公民可以以遗嘱方式将个人财产赠给国家、集体或者法定继承人以外的人。

现实生活中，往往出现遗赠人将财产用遗嘱的方式赠与法定继承人以外的人，这时最重要的要看遗赠协议的有效性。如果遗赠协议是在自愿、意思明确、清醒、无胁迫的状态下，由完全民事行为能力人所立，并且符合法律对遗嘱的要件规定，应当认定遗赠协议的有效性，并尊重遗赠人的意思自治和自由。

另外，遗赠的标的只能是遗产中的财产权利，而不能是财产义务（如债务）。受遗赠权也不能由他人代替行使。当受遗赠人先于遗赠人死亡，其受遗赠权便自然消失。当受遗赠人不愿接受遗赠，他也不能将该遗赠财产转给他人。但是，当继承开始后，受遗赠人表示接受遗赠，并于遗产分割前死亡的，其接受遗赠的权利转移给他的继承人。

清偿遗赠人的债务应优先于执行遗赠。遗赠人行使遗赠权不得违背法律规定。我国《继承法》第十九条规定"遗嘱应当对缺乏劳动能力又没有生活来源的继承人保留必要的遗产份额。"遗赠作为一项遗产处分，必须符合该规定。

七、遗赠抚养协议纠纷的处理

我国法律规定公民可以通过遗赠抚养协议的方式，将自己财产的一部分或者全部遗赠给扶养人或者集体所有制组织，同时享受被抚养的权利。如果遗赠扶养协议有效成立，扶养人或集体组织无正当理由不履行，致协议解除的，不能享有受遗赠的权利，其支付的供养费用一般不予补偿；遗赠人无正当理由不履行，致协议解除的，则应偿还扶养人或集体组织支付的供养费。

中华人民共和国收养法

中华人民共和国主席令

第五十四号

《中华人民共和国收养法》已由中华人民共和国第七届全国人民代表大会常务委员会第二十三次会议于1991年12月29日通过，现予公布，自1992年4月1日起施行。

中华人民共和国主席　杨尚昆

1991年12月29日

（1991年12月29日第七届全国人民代表大会常务委员会第二十三次会议通过；根据1998年11月4日第九届全国人民代表大会常务委员会第五次会议《关于修改〈中华人民共和国收养法〉的决定》修正）

第一章　总　则

第一条　为保护合法的收养关系，维护收养关系当事人的权利，制定本法。

第二条　收养应当有利于被收养的未成年人的抚养、成长，保障被收养人和收养人的合法权益，遵循平等自愿的原则，并不得违背社会公德。

第三条　收养不得违背计划生育的法律、法规。

第二章　收养关系的成立

第四条　下列不满十四周岁的未成年人可以被收养：

（一）丧失父母的孤儿；

（二）查找不到生父母的弃婴和儿童；

（三）生父母有特殊困难无力抚养的子女。

第五条　下列公民、组织可以作送养人：

（一）孤儿的监护人；

（二）社会福利机构；

（三）有特殊困难无力抚养子女的生父母。

第六条　收养人应当同时具备下列条件：

（一）无子女；

（二）有抚养教育被收养人的能力；

（三）未患有在医学上认为不应当收养子女的疾病；

（四）年满三十周岁。

第七条 收养三代以内同辈旁系血亲的子女，可以不受本法第四条第三项、第五条第三项、第九条和被收养人不满十四周岁的限制。

华侨收养三代以内同辈旁系血亲的子女，还可以不受收养人无子女的限制。

第八条 收养人只能收养一名子女。

收养孤儿、残疾儿童或者社会福利机构抚养的查找不到生父母的弃婴和儿童，可以不受收养人无子女和收养一名的限制。

第九条 无配偶的男性收养女性的，收养人与被收养人的年龄应当相差四十周岁以上。

第十条 生父母送养子女，须双方共同送养。生父母一方不明或者查找不到的可以单方送养。

有配偶者收养子女，须夫妻共同收养。

第十一条 收养人收养与送养人送养，须双方自愿。收养年满十周岁以上未成年人的，应当征得被收养人的同意。

第十二条 未成年人的父母均不具备完全民事行为能力的，该未成年人的监护人不得将其送养，但父母对该未成年人有严重危害可能的除外。

第十三条 监护人送养未成年孤儿的，须征得有抚养义务的人同意。有抚养义务的人不同意送养、监护人不愿意继续履行监护职责的，应当依照《中华人民共和国民法通则》的规定变更监护人。

第十四条 继父或者继母经继子女的生父母同意，可以收养继子女，并可以不受本法第四条第三项、第五条第三项、第六条和被收养人不满十四周岁以及收养一名的限制。

第十五条 收养应当向县级以上人民政府民政部门登记。

收养关系自登记之日起成立。

收养查找不到生父母的弃婴和儿童的，办理登记的民政部门应当在登记前予以公告。

收养关系当事人愿意订立收养协议的，可以订立收养协议。

收养关系当事人各方或者一方要求办理收养公证的，应当办理收养公证。

第十六条　收养关系成立后，公安部门应当依照国家有关规定为被收养人办理户口登记。

第十七条　孤儿或者生父母无力抚养的子女，可以由生父母的亲属、朋友抚养。

抚养人与被抚养人的关系不适用收养关系。

第十八条　配偶一方死亡，另一方送养未成年子女的，死亡一方的父母有优先抚养的权利。

第十九条　送养人不得以送养子女为理由违反计划生育的规定再生育子女。

第二十条　严禁买卖儿童或者借收养名义买卖儿童。

第二十一条　外国人依照本法可以在中华人民共和国收养子女。

外国人在中华人民共和国收养子女，应当经其所在国主管机关依照该国法律审查同意。收养人应当提供由其所在国有权机构出具的有关收养人的年龄、婚姻、职业、财产、健康、有无受过刑事处罚等状况的证明材料，该证明材料应当经其所在国外交机关或者外交机关授权的机构认证，并经中华人民共和国驻该国使领馆认证。该收养人应当与送养人订立书面协议，亲自向省级人民政府民政部门登记。

收养关系当事人各方或者一方要求办理收养公证的，应当到国务院司法行政部门认定的具有办理涉外公证资格的公证机构办理收养公证。

第二十二条 收养人、送养人要求保守收养秘密的，其他人应当尊重其意愿，不得泄露。

第三章 收养的效力

第二十三条 自收养关系成立之日起，养父母与养子女间的权利义务关系，适用法律关于父母子女关系的规定；养子女与养父母的近亲属间的权利义务关系，适用法律关于子女与父母的近亲属关系的规定。

养子女与生父母及其他近亲属间的权利义务关系，因收养关系的成立而消除。

第二十四条 养子女可以随养父或者养母的姓，经当事人协商一致，也可以保留原姓。

第二十五条 违反《中华人民共和国民法通则》第五十五条和本法规定的收养行为无法律效力。

收养行为被人民法院确认无效的，从行为开始时起就没有法律效力。

第四章 收养关系的解除

第二十六条 收养人在被收养人成年以前，不得解除收养关系，但收养人、送养人双方协议解除的除外，养子女年满十周岁以上的，应当征得本人同意。

收养人不履行抚养义务，有虐待、遗弃等侵害未成年养子女合法权益行为的，送养人有权要求解除养父母与养子女间的收养关系。送养人、收养人不能达成解除收养关系协议的，可以向人民法院起诉。

第二十七条　养父母与成年养子女关系恶化、无法共同生活的，可以协议解除收养关系。不能达成协议的，可以向人民法院起诉。

第二十八条　当事人协议解除收养关系的，应当到民政部门办理解除收养关系的登记。

第二十九条　收养关系解除后，养子女与养父母及其他近亲属间的权利义务关系即行消除，与生父母及其他近亲属间的权利义务关系自行恢复，但成年养子女与生父母及其他近亲属间的权利义务关系是否恢复，可以协商确定。

第三十条　收养关系解除后，经养父母抚养的成年养子女，对缺乏劳动能力又缺乏生活来源的养父母，应当给付生活费。因养子女成年后虐待、遗弃养父母而解除收养关系的，养父母可以要求养子女补偿收养期间支出的生活费和教育费。

生父母要求解除收养关系的，养父母可以要求生父母适当补偿收养期间支出的生活费和教育费，但因养父母虐待、遗弃养子女而解除收养关系的除外。

第五章　法律责任

第三十一条　借收养名义拐卖儿童的，依法追究刑事责任。

遗弃婴儿的，由公安部门处以罚款；构成犯罪的，依法追究刑事责任。

出卖亲生子女的，由公安部门没收非法所得，并处以罚款；构成犯罪的，依法追究刑事责任。

第六章　附　则

第三十二条　民族自治地方的人民代表大会及其常务委员会可以根据本法的原则，结合当地情况，制定变通的或者补充的规定。自治区的规定，报全国人民代表大会常务委员会备案。自治州、自治县的规定，报省或者自治区的人民代表大会常务委员会批准后生效，并报全国人民代表大会常务委员会备案。

第三十三条　国务院可以根据本法制定实施办法。

第三十四条　本法自 1992 年 4 月 1 日起施行。

附 录

中华人民共和国收养登记工作规范

民政部关于印发《收养登记工作规范》的通知

民发〔2008〕118号

各省、自治区、直辖市民政厅（局），计划单列市民政局，新疆生产建设兵团民政局：

为切实保证《中华人民共和国收养法》、《外国人在中华人民共和国收养子女登记办法》、《中国公民收养子女登记办法》和《华侨以及居住在香港、澳门、台湾地区的中国公民办理收养登记的管辖以及所需要出具的证件和证明材料的规定》的实施，进一步规范收养登记工作，我部制定了《收养登记工作规范》（以下简称《规范》）。现将《规范》印发你们，请认真贯彻执行。

《规范》对于收养登记机关的设置、收养登记和解除登记的程序、撤销收养和补领收养证件的要求以及收养登记机关和收养登记员的监督与管理等问题作了具体规定。请将在贯彻实施《规范》的过程中遇到的重要情况，及时报部社会事务局。

中华人民共和国民政部

二〇〇八年八月二十五日

为了规范收养登记工作，根据《中华人民共和国收养法》、《外国人在中华人民共和国收养子女登记办法》、《中国公民收养子女登记办法》和《华侨以及居住在香港、澳门、台湾地区的中国公民办理收养登记的管辖以及所需要出具的证件和证明材料的规定》，制定本规范。

第一章　收养登记机关和登记员

第一条　收养登记机关是依法履行收养登记行政职能的各级人民政府民政部门。

收养登记机关应当依照法律、法规及本规范，认真履行职责，做好收养登记工作。

第二条　收养登记机关的职责：

（一）办理收养登记；

（二）办理解除收养登记；

（三）撤销收养登记；

（四）补发收养登记证和解除收养关系证明；

（五）出具收养关系证明；

（六）办理寻找弃婴（弃儿）生父母公告；

（七）建立和保管收养登记档案；

（八）宣传收养法律法规。

第三条　收养登记的管辖按照《外国人在中华人民共和国收养子女登记办法》、《中国公民收养子女登记办法》和《华侨以及居住在香港、澳门、台湾地区的中国公民办理收养登记的管辖以及所需要出具的证件和证明材料的规定》的有关规定确定。

第四条　收养登记机关办理收养登记应当使用民政厅或者民政局公章。

收养登记机关应当按照有关规定刻制收养登记专用章。

第五条　收养登记机关应当设置有专门的办公场所，并在醒目位置悬挂收养登记处（科）标识牌。

收养登记场所应当庄严、整洁，设有收养登记公告栏。

第六条　收养登记实行政务公开，应当在收养登记场所公开展示下列内容：

（一）本收养登记机关的管辖权及依据；

（二）收养法的基本原则以及父母和子女的权利、义务；

（三）办理收养登记、解除收养登记的条件与程序；

（四）补领收养登记证的条件与程序；

（五）无效收养及可撤销收养的规定；

（六）收费项目与收费标准、依据；

（七）收养登记员职责及其照片、编号；

（八）办公时间和服务电话（电话号码在当地 114 查询台登记）；

（九）监督电话。

收养登记场所应当备有《中华人民共和国收养法》、《外国人在中华人民共和国收养子女登记办法》、《中国公民收养子女登记办法》和《华侨以及居住在香港、澳门、台湾地区的中国公民办理收养登记的管辖以及所需要出具的证件和证明材料的规定》，及其他有关文件供收养当事人免费查阅。

收养登记机关对外办公时间应当为国家法定办公时间。

第七条 收养登记机关应当实行计算机管理。各级民政部门应当为本行政区域内收养登记管理信息化建设创造条件。

第八条 收养登记机关应当配备收养登记员。收养登记员由本级民政部门考核、任免。

第九条 收养登记员的主要职责：

（一）解答咨询；

（二）审查当事人是否具备收养登记、解除收养登记、补发收养登记证、撤销收养登记的条件；

（三）颁发收养登记证；

（四）出具收养登记证明；

（五）及时将办理完毕的收养登记材料收集、整理、归档。

第十条 收养登记员应当熟练掌握相关法律法规和计算机操作，依法行政，热情服务，讲求效率。

收养登记员应当尊重当事人的意愿，保守收养秘密。

第十一条 收养登记员办理收养登记及相关业务应当按照申请—受理—审查—报批—登记—颁证的程序办理。

第十二条 收养登记员在完成表格和证书、证明填写后，应当进行认真核对、检查，并复印存档。对打印或者书写错误、证件被污染或者损坏的，应当作废处理，重新填写。

第二章 收养登记

第十三条 受理收养登记申请的条件是：

（一）收养登记机关具有管辖权；

（二）收养登记当事人提出申请；

（三）当事人持有的证件、证明材料符合规定。

收养人和被收养人应当提交 2 张 2 寸近期半身免冠合影照片。送养人应当提交 2 张 2 寸近期半身免冠合影或者单人照片，社会福利机构送养的除外。

第十四条 收养登记员受理收养登记申请，应当按照下列程序进行：

（一）区分收养登记类型，查验当事人提交的证件和证明材料、照片是否符合此类型的要求；

（二）询问或者调查当事人的收养意愿、目的和条件，告知收养登记的条件和弄虚作假的后果；

（三）见证当事人在《收养登记申请书》（附件 1）上签名；

（四）将当事人的信息输入计算机应当用程序，并进行核查；

（五）复印当事人的身份证件、户口簿。单身收养的应当复印无婚姻登记记录证明、离婚证或者配偶死亡证明；夫妻双方共同收养的应当复印结婚证。

第十五条 《收养登记申请书》的填写：

（一）当事人"姓名"：当事人是中国公民的，使用中文填写；当事人是外国人的，按照当事人护照上的姓名填写；

（二）"出生日期"：使用阿拉伯数字，按照身份证件上的出生日期填写为"××××年××月××日"；

（三）"身份证件号"：当事人是内地居民的，填写公民身份号码；当事人是香港、澳门、台湾居民中的中国公民的，填写香港、澳门、台湾居民身份证号，并在号码后加注"（香港）"、"（澳门）"或者"（台湾）"；当事人是华侨的，填写护照号；当事人是外国人的，填写护照号。

证件号码前面有字符的，应当一并填写；

（四）"国籍"：当事人是内地居民、华侨以及居住在香港、澳门、台湾地区的中国公民的，填写"中国"；当事人是外国人的，按照护照上的国籍填写；

（五）"民族"、"职业"和"文化程度"，按照《中华人民共和国国家标准》填写；

（六）"健康状况"填写"健康"、"良好"、"残疾"或者其他疾病；

（七）"婚姻状况"填写"未婚"、"已婚"、"离婚"、"丧偶"；

（八）"家庭收入"填写家庭年收入总和；

（九）"住址"填写户口簿上的家庭住址；

（十）送养人是社会福利机构的，填写"送养人情况（1）"，经办人应当是社会福利机构工作人员。送养人是非社会福利机构的，填写"送养人情况（2）"，"送养人和被收养人关系"是亲属关系的，应当写明具体亲属关系；不是亲属关系的，应当写明"非亲属"。

收养非社会福利机构抚养的查找不到生父母的儿童的，送养人有关内容不填；

（十一）"被收养后改名为"填写被收养人被收养后更改的姓名。未更改姓名的，此栏不填；

（十二）被收养人"身份类别"分别填写"孤儿"、"社会福利机构抚养的查找不到生父母的儿童"、"非社会福利机构抚养的查找不到生父母的儿童"、"生父母有特殊困难无力抚养的子女"、"继子女"。收养三代以内同辈旁系血亲的子女，应当写明具体亲属关系；

（十三）继父母收养继子女的，要同时填写收养人和送养人有关内容。单身收养后，收养人结婚，其配偶要求收养继子女的；送养人死亡或者被人民法院宣告死亡的，送养人有关内容不填；

（十四）《收养登记申请书》中收养人、被收养人和送养人（送养人是社会福利机构的经办人）的签名必须由当事人在收养登记员当面完成；

当事人没有书写能力的，由当事人口述，收养登记员代为填写。收养登记员代当事人填写完毕后，应当宣读，当事人认为填写内容无误，在当事人签名处按指纹。当事人签名一栏不得空白，也不得由他人代为填写、代按指纹。

第十六条 收养登记员要分别询问或者调查收养人、送养人、年满 10 周岁以上的被收养人和其他应当询问或者调查的人。

询问或者调查的重点是被询问人或者被调查人的姓名、年龄、健康状况、经济和教育能力、收养人、送养人和被收养人之间的关系、收养的意愿和目的。特别是对年满 10 周岁以上的被收养人应当询问是否同意被收养和有关协议内容。

询问或者调查结束后，要将笔录给被询问人或者被调查人阅读。被询问人或者被调查人要写明"已阅读询问（或者调查）笔录，与本人所表示的意思一致（或者调查情况属实）"，并签名。被询问人或者被调查人没有书写能力的，可由收养登记员向被询问或者被调查人宣读所记录的内容，并注明"由收养登记员记录，并向当事人宣读，被询问人（被调查人）在确认所记录内容正确无误后按指纹。"然后请被询问人或者被调查人在注明处按指纹。

第十七条 收养查找不到生父母的弃婴、弃儿的，收养登记机关应当根据《中国公民收养子女登记办法》第七条的规定，在登记前公告查找其生父母（附件2）。

公告应当刊登在收养登记机关所在地设区的市（地区）级以上地方报纸上。公告要有查找不到生父母的弃婴、弃儿的照片。办理公告时收养登记员要保存捡拾证明和捡拾地派出所出具的报案证明。派出所出具的报案证明应当有出具该证明的警员签名和警号。

第十八条 办理内地居民收养登记和华侨收养登记，以及香港、澳门、台湾居民中的中国公民的收养登记，收养登记员收到当事人提交的申请书及有关材料后，应当自次日起30日内进行审查。对符合收养条件的，为当事人办理收养登记，填写《收养登记审查处理表》（附件3），报民政局主要领导或者分管领导批准，并填发收养登记证。

办理涉外收养登记，收养登记员收到当事人提交的申请书及有关材料后，应当自次日起7日内进行审查。对符合收养条件的，为当事人办理收养登记，填写《收养登记审查处理表》，报民政厅（局）主要领导或者分管领导批准，并填发收养登记证。

第十九条 《收养登记审查处理表》和收养登记证由计算机打印，未使用计算机进行收养登记的，应当使用蓝黑、黑色墨水的钢笔或者签字笔填写。

第二十条 《收养登记审查处理表》的填写：

（一）"提供证件情况"：应当对当事人提供的证件、证明材料核实后填写"齐全"；

（二）"审查意见"：填写"符合收养条件，准予登记"；

（三）"主要领导或者分管领导签名"：由批准该收养登记的民政厅（局）主要领导或者分管领导亲笔签名，不得使用个人印章或者计算机打印；

（四）"收养登记员签名"：由办理该收养登记的收养登记员亲笔签名，不得使用个人印章或者计算机打印；

（五）"收养登记日期"：使用阿拉伯数字，填写为："××××年××月××日"。填写的日期应当与收养登记证上的登记日期一致；

（六）"承办机关名称"：填写承办单位名称；

（七）"收养登记证字号"填写式样为"（XXXX）AB收字YYYYY"（AB为收养登记机关所在省级和县级或者市级和区级的行政区域简称，XXXX为年号，YYYYY为当年办理收养登记的序号）；

（八）"收养登记证印制号"填写颁发给当事人的收养登记证上印制的号码。

第二十一条 收养登记证的填写按照《民政部办公厅关于启用新式〈收养登记证〉的通知》（民办函〔2006〕203号）的要求填写。

收养登记证上收养登记字号、姓名、性别、国籍、出生日期、身份证件号、住址、被收养人身份、更改的姓名，以及登记日期应当与《收养登记申请书》和《收养登记审查处理表》

中相应项目一致。

无送养人的，"送养人姓名（名称）"一栏不填。

第二十二条 颁发收养登记证，应当在当事人在场时按照下列步骤进行：

（一）核实当事人姓名和收养意愿；

（二）告知当事人领取收养登记证后的法律关系以及父母和子女的权利、义务；

（三）见证当事人本人亲自在附件3上的"当事人领证签名或者按指纹"一栏中签名；当事人没有书写能力的，应当按指纹。

"当事人领证签名或者按指纹"一栏不得空白，不得由他人代为填写、代按指纹；

（四）将收养登记证颁发给收养人，并向当事人宣布：取得收养登记证，确立收养关系。

第二十三条 收养登记机关对不符合收养登记条件的，不予受理，但应当向当事人出具《不予办理收养登记通知书》（附件4），并将当事人提交的证件和证明材料全部退还当事人。对于虚假证明材料，收养登记机关予以没收。

第三章 解除收养登记

第二十四条 受理解除收养关系登记申请的条件是：

（一）收养登记机关具有管辖权；

（二）收养人、送养人和被收养人共同到被收养人常住户口所在地的收养登记机关提出申请；

（三）收养人、送养人自愿解除收养关系并达成协议。被收养人年满 10 周岁的，已经征得其同意；

（四）持有收养登记机关颁发的收养登记证。经公证机构公证确立收养关系的，应当持有公证书；

（五）收养人、送养人和被收养人各提交 2 张 2 寸单人近期半身免冠照片，社会福利机构送养的除外；

（六）收养人、送养人和被收养人持有身份证件、户口簿。

送养人是社会福利机构的，要提交社会福利机构法定代表人居民身份证复印件。

养父母与成年养子女协议解除收养关系的，无需送养人参与。

第二十五条 收养登记员受理解除收养关系登记申请，应当按照下列程序进行：

（一）查验当事人提交的照片、证件和证明材料。

当事人提供的收养登记证上的姓名、出生日期、公民身份号码与身份证、户口簿不一致的，当事人应当书面说明不一致的原因；

（二）向当事人讲明收养法关于解除收养关系的条件；

（三）询问当事人的解除收养关系意愿以及对解除收养关系协议内容的意愿；

（四）收养人、送养人和被收养人参照本规范第十五条的相关内容填写《解除收养登记申请书》（附件5）；

（五）将当事人的信息输入计算机应当用程序，并进行核查；

（六）复印当事人的身份证件、户口簿。

第二十六条 收养登记员要分别询问收养人、送养人、年满 10 周岁以上的被收养人和其他应当询问的人。

询问的重点是被询问人的姓名、年龄、健康状况、民事行为能力、收养人、送养人和被收养人之间的关系、解除收养登记的意愿。对年满 10 周岁以上的被收养人应当询问是否同意解除收养登记和有关协议内容。

对未成年的被收养人，要询问送养人同意解除收养登记后接纳被收养人和有关协议内容。

询问结束后，要将笔录给被询问人阅读。被询问人要写明"已阅读询问笔录，与本人所表示的意思一致"，并签名。被询问人没有书写能力的，可由收养登记员向被询问人宣读所记录的内容，并注明"由收养登记员记录，并向当事人宣读，被询问人在确认所记录内容正确无误后按指纹。"然后请被询问人在注明处按指纹。

第二十七条 收养登记员收到当事人提交的证件、申请解除收养关系登记申请书、解除收养关系协议书后，应当自次日起 30 日内进行审查。对符合解除收养条件的，为当事人办理解除收养关系登记，填写《解除收养登记审查处理表》（附件 6），报民政厅（局）主要领导或者分管领导批准，并填发《解除收养关系证明》。

"解除收养关系证明字号"填写式样为"（XXXX）AB 解字 YYYYY"（AB 为收养登记机关所在省级和县级或者市级和区级的行政区域简称，XXXX 为年号，YYYYY 为当年办理解除收养登记的序号）。

第二十八条 颁发解除收养关系证明，应当在当事人均在场时按照下列步骤进行：

（一）核实当事人姓名和解除收养关系意愿；

（二）告知当事人领取解除收养关系证明后的法律关系；

（三）见证当事人本人亲自在《解除收养登记审查处理表》"领证人签名或者按指纹"一栏中签名；当事人没有书写能力的，应当按指纹。

"领证人签名或者按指纹"一栏不得空白，不得由他人代为填写、代按指纹；

（四）收回收养登记证，收养登记证遗失应当提交查档证明；

（五）将解除收养关系证明一式两份分别颁发给解除收养关系的收养人和被收养人，并宣布：取得解除收养关系证明，收养关系解除。

第二十九条　收养登记机关对不符合解除收养关系登记条件的，不予受理，但应当向当事人出具《不予办理解除收养登记通知书》（附件7），将当事人提交的证件和证明材料全部退还当事人。对于虚假证明材料，收养登记机关予以没收。

第四章　撤销收养登记

第三十条　收养关系当事人弄虚作假骗取收养登记的，按照《中国公民收养子女登记办法》第十二条的规定，由利害关系人、有关单位或者组织向原收养登记机关提出，由收养登记机关撤销登记，收缴收养登记证。

第三十一条　收养登记员受理撤销收养登记申请，应当按照下列程序进行：

（一）查验申请人提交的证件和证明材料；

（二）申请人在收养登记员面前亲自填写《撤销收养登记申请书》（附件8），并签名。

申请人没有书写能力的，可由当事人口述，第三人代为填写，当事人在"申请人"一栏按指纹。

第三人应当在申请书上注明代写人的姓名、公民身份号码、住址、与申请人的关系。

收养登记机关工作人员不得作为第三人代申请人填写；

（三）申请人宣读本人的申请书，收养登记员作见证人并在见证人一栏签名；

（四）调查涉案当事人的收养登记情况。

第三十二条 符合撤销条件的，收养登记机关拟写《关于撤销×××与×××收养登记决定书》（附件9），报民政厅（局）主要领导或者分管领导批准，并印发撤销决定。

第三十三条 收养登记机关应当将《关于撤销×××与×××收养登记决定书》送达每位当事人，收缴收养登记证，并在收养登记机关的公告栏公告30日。

第三十四条 收养登记机关对不符合撤销收养条件的，应当告知当事人不予撤销的原因，并告知当事人可以向人民法院起诉。

第五章 补领收养登记证、解除收养关系证明

第三十五条 当事人遗失、损毁收养证件，可以向原收养登记机关申请补领。

第三十六条 受理补领收养登记证、解除收养关系证明申请的条件是：

（一）收养登记机关具有管辖权；

（二）依法登记收养或者解除收养关系，目前仍然维持该状况；

（三）收养人或者被收养人亲自到收养登记机关提出申请。

收养人或者被收养人因故不能到原收养登记机关申请补领收养登记证的，可以委托他人办理。委托办理应当提交经公证机关公证的当事人的身份证件复印件和委托书。委托书应当写明当事人办理收养登记的时间及承办机关、目前的收养状况、委托事由、受委托人的姓名和身份证件号码。受委托人应当同时提交本人的身份证件。

夫妻双方共同收养子女的，应当共同到收养登记机关提出申请，一方不能亲自到场的，应当书面委托另一方，委托书应当经过村（居）民委员会证明或者经过公证。外国人的委托书应当经所在国公证和认证。夫妻双方一方死亡的，另一方应当出具配偶死亡的证明；离婚的出具离婚证件，可以一方提出申请。

被收养人未成年的，可由监护人提出申请。监护人要提交监护证明；

（四）申请人持有身份证件、户口簿；

（五）申请人持有查档证明。

收养登记档案遗失的，申请人应当提交能够证明其收养状况的证明。户口本上父母子女关系的记载，单位、村（居）民委员会或者近亲属出具的写明当事人收养状况的证明可以作为当事人收养状况证明使用；

（六）收养人和被收养人的 2 张 2 寸合影或者单人近期半身

免冠照片。

监护人提出申请的，要提交监护人 1 张 2 寸合影或者单人近期半身免冠照片。监护人为单位的，要提交单位法定代表人身份证件复印件和经办人 1 张 2 寸单人近期半身免冠照片。

第三十七条 收养登记员受理补领收养登记证、解除收养关系证明，应当按照下列程序进行：

（一）查验申请人提交的照片、证件和证明材料。

申请人出具的身份证、户口簿上的姓名、年龄、公民身份号码与原登记档案不一致的，申请人应当书面说明不一致的原因，收养登记机关可根据申请人出具的身份证件补发收养登记证；

（二）向申请人讲明补领收养登记证、解除收养关系证明的条件；

（三）询问申请人当时办理登记的情况和现在的收养状况。

对于没有档案可查的，收养登记员要对申请人进行询问。询问结束后，要将笔录给被询问人阅读。被询问人要写明"已阅读询问笔录，与本人所表示的意思一致"，并签名。被询问人没有书写能力的，可由收养登记员向被询问人宣读所记录的内容，并注明"由收养登记员记录，并向被询问人宣读，被询问人在确认所记录内容正确无误后按指纹。"然后请被询问人在注明处按指纹；

（四）申请人参照本规范第十五条相关规定填写《补领收养登记证申请书》（附件 10）；

（五）将申请人的信息输入计算机应当用程序，并进行核查；

（六）向出具查档证明的机关进行核查；

（七）复印当事人的身份证件、户口簿。

第三十八条 收养登记员收到申请人提交的证件、证明后，应当自次日起 30 日内进行审查，符合补发条件的，填写《补发收养登记证审查处理表》（附件 11），报民政厅（局）主要领导或者分管领导批准，并填发收养登记证、解除收养关系证明。

《补发收养登记证审查处理表》和收养登记证按照《民政部办公厅关于启用新式〈收养登记证〉的通知》（民办函〔2006〕203 号）和本规范相关规定填写。

第三十九条 补发收养登记证、解除收养关系证明，应当在申请人或者委托人在场时按照下列步骤进行：

（一）向申请人或者委托人核实姓名和原登记日期；

（二）见证申请人或者委托人在《补发收养登记证审查处理表》"领证人签名或者按指纹"一栏中签名；申请人或者委托人没有书写能力的，应当按指纹。

"领证人签名或者按指纹"一栏不得空白，不得由他人代为填写、代按指纹；

（三）将补发的收养登记证、解除收养登记证发给申请人或者委托人，并告知妥善保管。

第四十条 收养登记机关对不具备补发收养登记证、解除收养关系证明受理条件的，不予受理，并告知原因和依据。

第四十一条 当事人办理过收养或者解除收养关系登记，申请补领时的收养状况因解除收养关系或者收养关系当事人死亡发生改变的，不予补发收养登记证，可由收养登记机关出具收养登记证明。

收养登记证明不作为收养人和被收养人现在收养状况的证明。

第四十二条 出具收养登记证明的申请人范围和程序与补领收养登记证相同。申请人向原办理该收养登记的机关提出申请，并填写《出具收养登记证明申请书》（附件 12）。收养登记员收到当事人提交的证件、证明后，应当自次日起 30 日内进行审查，符合出证条件的，填写《出具收养登记证明审查处理表》（附件 13），报民政厅（局）主要领导或者分管领导批准，并填写《收养登记证明书》（附件 14），发给申请人。

第四十三条 "收养登记证明字号"填写式样为"（XXXX）AB 证字 YYYYY"（AB 为收养登记机关所在省级和县级或者市级和区级的行政区域简称，XXXX 为年号，YYYYY 为当年出具收养登记证明的序号）。

第六章　收养档案和证件管理

第四十四条 收养登记机关应当按照《收养登记档案管理暂行办法》（民发〔2003〕181 号）的规定，制定立卷、归档、保管、移交和使用制度，建立和管理收养登记档案，不得出现原始材料丢失、损毁情况。

第四十五条 收养登记机关不得购买非上级民政部门提供的收养证件。各级民政部门发现本行政区域内有购买、使用非上级民政部门提供的收养证件的，应当予以没收，并追究相关责任人的法律责任和行政责任。

收养登记机关已将非法购制的收养证件颁发给收养当事人的，应当追回，并免费为当事人换发符合规定的收养登记证、解除收养关系证明。

报废的收养证件由收养登记机关登记造册，统一销毁。

收养登记机关发现收养证件有质量问题时，应当及时书面报告省（自治区、直辖市）人民政府民政部门。

第七章 监督与管理

第四十六条 各级民政部门应当建立监督检查制度，定期对本级民政部门设立的收养登记处（科）和下级收养登记机关进行监督检查，发现问题，及时纠正。

第四十七条 收养登记机关应当按规定到指定的物价部门办理收费许可证，按照国家规定的标准收取收养登记费，并使用财政部门统一制定的收费票据。

第四十八条 收养登记机关及其收养登记员有下列行为之一的，对直接负责的主管人员和其他直接责任人员依法给予行政处分：

（一）为不符合收养登记条件的当事人办理收养登记的；

（二）依法应当予以登记而不予登记的；

（三）违反程序规定办理收养登记、解除收养关系登记、撤销收养登记及其他证明的；

（四）要求当事人提交《中华人民共和国收养法》、《中国公民收养子女登记办法》、《华侨以及居住在香港、澳门、台湾地区的中国公民办理收养登记的管辖以及所需要出具的证件和证明材料的规定》、《外国人在中华人民共和国收养子女登记办法》和本规范规定以外的证件和证明材料的；

（五）擅自提高收费标准、增加收费项目或者不使用规定收费票据的；

（六）玩忽职守造成收养登记档案损毁的；

（七）泄露当事人收养秘密并造成严重后果的；

（八）购买使用伪造收养证书的。

第四十九条 收养登记员违反规定办理收养登记，给当事人造成严重后果的，应当由收养登记机关承担对当事人的赔偿责任，并对承办人员进行追偿。

第八章 附 则

第五十条 收养查找不到生父母的弃婴、儿童的公告费，由收养人缴纳。

第五十一条 收养登记当事人提交的居民身份证与常住户口簿上的姓名、性别、出生日期应当一致；不一致的，当事人应当先到公安部门更正。

居民身份证或者常住户口簿丢失，当事人应当先到公安户籍管理部门补办证件。当事人无法提交居民身份证的，可提交有效临时身份证办理收养登记。当事人无法提交居民户口簿的，可提交公安部门或者有关户籍管理机构出具的加盖印章的户籍证明办理收养登记。

第五十二条 收养登记当事人提交的所在单位或者村民委员会、居民委员会、县级以上医疗机构、人口计生部门出具的证明，以及本人的申请，有效期6个月。

第五十三条 人民法院依法判决或者调解结案的收养案件，确认收养关系效力或者解除收养关系的，不再办理收养登记或者解除收养登记。

第五十四条 《中华人民共和国收养法》公布施行以前所形成的收养关系，收养关系当事人申请办理收养登记的，不予受理。

附件：1. 收养登记申请书（略）

2. 寻找弃婴（弃儿）生父母公告（略）

3. 收养登记审查处理表（略）

4. 不予办理收养登记通知书（略）

5. 解除收养登记申请书（略）

6. 解除收养登记审查处理表（略）

7. 不予办理解除收养登记通知书（略）

8. 撤销收养登记申请书（略）

9. 关于撤销×××、×××与×××收养登记决定书（略）

10. 补领收养登记证申请书（略）

11. 补发收养登记证审查处理表（略）

12. 出具收养登记证明申请书（略）

13. 出具收养登记证明审查处理表（略）

14. 收养登记证明书（略）

中国公民收养子女登记办法

中华人民共和国民政部令
第 14 号

《中国公民收养子女登记办法》已于一九九九年五月十二日国务院批准，现予发布施行。

民政部部长

一九九九年五月二十五日

第一条 为了规范收养登记行为，根据《中华人民共和国收养法》（以下简称收养法），制定本办法。

第二条 中国公民在中国境内收养子女或者协议解除收养关系的，应当依照本办法的规定办理登记。

办理收养登记的机关是县级人民政府民政部门。

第三条 收养社会福利机构抚养的查找不到生父母的弃婴、儿童和孤儿的，在社会福利机构所在地的收养登记机关办理登记。

收养非社会福利机构抚养的查找不到生父母的弃婴和儿童的，在弃婴和儿童发现地的收养登记机关办理登记。

收养生父母有特殊困难无力抚养的子女或者由监护人监护的孤儿的，在被收养人生父母或者监护人常住户口所在地（组织作监护人的，在该组织所在地）的收养登记机关办理登记。

收养三代以内同辈旁系血亲的子女，以及继父或者继母收养继子女的，在被收养人生父或者生母常住户口所在地的收养登记机关办理登记。

第四条 收养关系当事人应当亲自到收养登记机关办理成立收养关系的登记手续。

夫妻共同收养子女的，应当共同到收养登记机关办理登记手续；一方因故不能亲自前往的，应当书面委托另一方办理登记手续，委托书应当经过村民委员会或者居民委员会证明或者经过公证。

第五条 收养人应当向收养登记机关提交收养申请书和下列证件、证明材料：

（一）收养人的居民户口簿和居民身份证；

（二）由收养人所在单位或者村民委员会、居民委员会出具的本人婚姻状况、有无子女和抚养教育被收养人的能力等情况的证明；

（三）县级以上医疗机构出具的未患有在医学上认为不应当收养子女的疾病的身体健康检查证明。

收养查找不到生父母的弃婴、儿童的，并应当提交收养人经常居住地计划生育部门出具的收养人生育情况证明；其中收养非社会福利机构抚养的查找不到生父母的弃婴、儿童的，收养人还应当提交下列证明材料：

（一）收养人经常居住地计划生育部门出具的收养人无子女的证明；

（二）公安机关出具的捡拾弃婴、儿童报案的证明。

收养继子女的，可以只提交居民户口簿、居民身份证和收养人与被收养人生父或者生母结婚的证明。

第六条 送养人应当向收养登记机关提交下列证件和证明材料：

（一）送养人的居民户口簿和居民身份证（组织作监护人的，提交其负责人的身份证件）；

（二）收养法规定送养时应当征得其他有抚养义务的人同意的，并提交其他有抚养义务的人同意送养的书面意见。

社会福利机构为送养人的，并应当提交弃婴、儿童进入社会福利机构的原始记录，公安机关出具的捡拾弃婴、儿童报案的证明，或者孤儿的生父母死亡或者宣告死亡的证明。

监护人为送养人的，并应当提交实际承担监护责任的证明，孤儿的父母死亡或者宣告死亡的证明，或者被收养人生父母无完全民事行为能力并对被收养人有严重危害的证明。

生父母为送养人的，并应当提交与当地计划生育部门签订的不违反计划生育规定的协议；有特殊困难无力抚养子女的，还应当提交其所在单位或者村民委员会、居民委员会出具的送养人有特殊困难的证明。其中，因丧偶或者一方下落不明由单方送养的，还应当提交配偶死亡或者下落不明的证明；子女由三代以内同辈旁系血亲收养的，还应当提交公安机关出具的或者经过公证的与收养人有亲属关系的证明。被收养人是残疾儿童的，并应当提交县级以上医疗机构出具的该儿童的残疾证明。

第七条 收养登记机关收到收养登记申请书及有关材料后，应当自次日起30日内进行审查。对符合收养法规定条件的，为当事人办理收养登记，发给收养登记证，收养关系自登记之日起成立；对不符合收养法规定条件的，不予登记，并对当事人说明理由。

收养查找不到生父母的弃婴、儿童的，收养登记机关应当在登记前公告查找其生父母；自公告之日起满60日，弃婴、儿童的生父母或者其他监护人未认领的，视为查找不到生父母的弃婴、儿童。公告期间不计算在登记办理期限内。

第八条 收养关系成立后，需要为被收养人办理户口登记或者迁移手续的，由收养人持收养登记证到户口登记机关按照国家有关规定办理。

第九条 收养关系当事人协议解除收养关系的，应当持居民户口簿、居民身份证、收养登记证和解除收养关系的书面协议，共同到被收养人常住户口所在地的收养登记机关办理解除收养关系登记。

第十条 收养登记机关收到解除收养关系登记申请书及有关材料后，应当自次日起30日内进行审查；对符合收养法规定的，为当事人办理解除收养关系的登记，收回收养登记证，发给解除收养关系证明。

第十一条 为收养关系当事人出具证明材料的组织，应当如实出具有关证明材料。出具虚假证明材料的，由收养登记机关没收虚假证明材料，并建议有关组织对直接责任人员给予批评教育，或者依法给予行政处分、纪律处分。

第十二条 收养关系当事人弄虚作假骗取收养登记的，收养关系无效，由收养登记机关撤销登记，收缴收养登记证。

第十三条 本办法规定的收养登记证、解除收养关系证明的式样，由国务院民政部门制订。

第十四条 华侨以及居住在香港、澳门、台湾地区的中国公民在内地收养子女的，申请办理收养登记的管辖以及所需要出具的证件和证明材料，按照国务院民政部门的有关规定执行。

第十五条 本办法自发布之日起施行。

外国人在中华人民共和国收养子女登记办法

中华人民共和国民政部令

第 15 号

经修订的《外国人在中华人民共和国收养子女登记办法》已于一九九九年五月十二日经国务院批准，现予发布施行。

民政部部长

一九九九年五月二十五日

第一条 为了规范涉外收养登记行为，根据《中华人民共和国收养法》，制定本办法。

第二条 外国人在中华人民共和国境内收养子女（以下简称外国人在华收养子女），应当依照本办法办理登记。

收养人夫妻一方为外国人，在华收养子女，也应当依照本办法办理登记。

第三条 外国人在华收养子女，应当符合中国有关收养法律的规定，并应当符合收养人所在国有关收养法的规定；因收养人所在国法律的规定与中国法律的规定不一致而产生的问题，由两国政府有关部门协商处理。

第四条 外国人在华收养子女，应当通过所在国政府或者政府委托的收养组织（以下简称外国收养组织）向中国政府委托的收养组织（以下简称中国收养组织）转交收养申请并提交收养人的家庭情况报告和证明。

前款规定的收养人的收养申请、家庭情况报告和证明，是指由其所在国有权机构出具，经其所在国外交机关或者外交机关授权的机构认证，并经中华人民共和国驻该国使馆或者领馆认证的下列文件：

（一）跨国收养申请书；

（二）出生证明；

（三）婚姻状况证明；

（四）职业、经济收入和财产状况证明；

（五）身体健康检查证明；

（六）有无受过刑事处罚的证明；

（七）收养人所在国主管机关同意其跨国收养子女的证明；

（八）家庭情况报告，包括收养人的身份、收养的合格性和适当性、家庭状况和病史、收养动机以及适合于照顾儿童的特点等。

在华工作或者学习连续居住一年以上的外国人，在华收养子女，应当提交前款规定的除身体健康检查证明以外的文件，并应当提交在华所在单位或者有关部门出具的婚姻状况证明、职业、经济收入或者财产状况证明，有无受过刑事处罚证明以及县级以上医疗机构出具的身体健康检查证明。

第五条 送养人应当向省、自治区、直辖市人民政府民政部门提交本人的居民户口簿和居民身份证（社会福利机构作送养人的，应当提交其负责人的身分证件）、被收养人的户籍证明等情况证明，并根据不同情况提交下列有关证明材料：

（一）被收养人的生父母（包括已经离婚的）为送养人的，应当提交生父母有特殊困难无力抚养的证明和生父母双方同意送养的书面意见；其中，被收养人的生父或者生母因丧偶或者一方下落不明，由单方送养的，并应当提交配偶死亡或者下落不明的证明以及死亡的或者下落不明的配偶的父母不行使优先抚养权的书面声明；

（二）被收养人的父母均不具备完全民事行为能力，由被收养人的其他监护人作送养人的，应当提交被收养人的父母不具备完全民事行为能力且对被收养人有严重危害的证明以及监护人有监护权的证明；

（三）被收养人的父母均已死亡，由被收养人的监护人作送养人的，应当提交其生父母的死亡证明、监护人实际承担责任的证明，以及其他有抚养义务的人同意送养的书面意见；

（四）由社会福利机构作送养人的，应当提交弃婴、儿童被遗弃和发现的情况证明以及查找其父母或者其他监护人的情况证明；被收养人是孤儿的，应当提交孤儿父母的死亡或者宣告死亡证明，以及有抚养孤儿义务的其他人同意送养的书面意见。

送养残疾儿童的，还应当提交县级以上医疗机构出具的该儿童的残疾证明。

第六条 省、自治区、直辖市人民政府民政部门应当对送养人提交的证件和证明材料进行审查，对查找不到生父母的弃婴和儿童公告查找其生父母；认为被收养人、送养人符合收养法规定条件的，将符合收养法规定的被收养人、送养人名单通知中国收养组织，同时转交下列证件和证明材料：

（一）送养人的居民户口簿和居民身份证（社会福利机构作

送养人的，为其负责人的身份证件）复制件；

（二）被收养人是弃婴或者孤儿的证明、户簿证明、成长情况报告和身体健康检查证明的复制件及照片。

省、自治区、直辖市人民政府民政部门查找弃婴或者儿童生父母的公告应当在省级地方报纸上刊登。自公告刊登之日起满 60 日，弃婴和儿童的生父母或者其他监护人未认领的，视为查找不到生父母的弃婴和儿童。

第七条 中国收养组织对外国收养人的收养申请和有关证明进行审查后，应当在省、自治区、直辖市人民政府民政部门报送的符合收养法规定条件的被收养人中，参照 外国收养人的意愿，选择适当的被收养人，并将该被收养人及其送养人的有关情况通过外国 政府或者外国收养组织送交外国收养人。外国收养人同意收养的，中国收养组织向其发出来 华收养子女通知书，同时通知有关的省、自治区、直辖市人民政府民政部门向送养人发出被 收养人已被同意收养的通知。

第八条 外国人来华收养子女，应当亲自来华办理登记手续。夫妻共同收养 的，应当共同来华办理收养手续；一方因故不能来华的，应当书面委托另一方。委托书应当 经所在国公证和认证。

第九条 外国人来华收养子女，应当与送养人订立书面收养协议。协议一式三份，收养人、送养人各执一份，办理收养登记手续时收养登记机关收存一份。

书面协议订立后，收养关系当事人应当共同到被收养人常住户口所在地的省、自治区、直辖市人民政府民政部门办理收养登记。

第十条 收养关系当事人办理收养登记时，应当填写外国人来华收养子女登记申请书并提交收养协议，同时分别提供有关材料。

收养人应当提供下列材料：

（一）中国收养组织发出的来华收养子女通知书；

（二）收养人的身份证件和照片。

送养人应当提供下列材料：

（一）省、自治区、直辖市人民政府民政部门发出的被收养人已被同意收养的通知；

（二）送养人的居民户口簿和居民身分证（社会福利机构作送养人的，为其负责人的身份证件）、被收养人的照片。

第十一条 收养登记机关收到外国人来华收养子女登记申请书和收养人、被收养人及其送养人的有关材料后，应当自次日起7日内进行审查，对符合本办法第十条规定的，为当事人办理收养登记，发给收养登记证书。收养关系自登记之日起成立。

收养登记机关应当将登记结果通知中国收养组织。

第十二条 收养关系当事人办理收养登记后，各方或者一方要求办理收养公证的，应当到收养登记地的具有办理涉外公证资格的公证机构办理收养公证。

第十三条 被收养人出境前，收养人应当凭收养登记证书到收养登记的公安机关为被收养人办理出境手续。

第十四条 外国人在华收养子女，应当向登记机关交纳登记费。登记费的收取标准按照国家有关规定执行。

中国收养组织是非营利性公益事业单位，为外国收养人提供收养服务，可以收取服务费。服务费的收取标准按照国家有关规定执行。

为抚养在社会福利机构生活的弃婴和儿童，国家鼓励外国收养人、外国收养组织向社会福利机构捐赠。受聘的社会福利机构必须将捐赠财物全部用于改善所抚养的弃婴和儿童的养育条件，不得挪作它用，并应当将捐赠财物的使用情况告知捐赠人。受赠的社会福利机构还应当接受有关部门的监督，并应当将捐赠的使用情况向社会公布。

第十五条　中国收养组织的活动受国务院民政部门监督。

第十六条　本办法自发布之日起施行。1993 年 11 月 3 日国务院批准，1993 年 11 月 10 日司法部、民政部发布的《外国人在中华人民共和国收养子女实施办法》同时废止

中国公民办理收养登记的若干规定

关于修改《中国公民办理收养登记的若干规定》的决定

各省、自治区、直辖市民政厅（局），各计划单列市民政局：

《民政部关于修改〈中国公民办理收养登记的若干规定〉的决定》已经 1996 年 4 月 24 日民政部部务会议审议通过，现印发你们，请认真贯彻执行。

中华人民共和国民政部

1996 年 5 月 27 日

第一条 根据《中华人民共和国收养法》（以下简称《收养法》）和其他有关法律规定，制定本规定。

第二条 中国公民在中华人民共和国收养查找不到生父母的弃婴和儿童，收养社会福利机构抚养的孤儿，应当依据本规定办理收养登记。

第三条 办理收养登记的机关，是县级以上人民政府的民政部门。

收养查找不到生父母的弃婴和儿童，在弃婴和儿童发现地收养登记机关办理收养登记。

收养社会福利机构抚养的孤儿，在社会福利机构所在地收养登记机关办理收养登记。

第四条　收养社会福利机构抚养的孤儿或弃婴，应当征得该社会福利机构和其业务主管机关的同意。社会福利机构和其业务主管机关对具备收养条件者，开具同意送养的证明。

第五条　收养人应当亲自到收养登记机关办理收养登记。夫妻共同收养子女，一方不能亲自到收养登记机关的，须出具其经公证的委托收养书。如果不能到场的一方是华侨，委托收养书还须经其居住国外交部门或外交部门授权的机构认证和我驻其居住国使领馆认证。

被收养人是年满十周岁以上未成年人的，也须亲自到场。

第六条　申请收养登记，收养人应当向收养登记机关提交收养申请书。收养申请书内容包括：收养目的，不虐待、不遗弃被收养人和抚育被收养人健康成长的保证，其他有关事项。

第七条　收养人申请收养登记时，应当提供以下证件和证明：

（一）居民身份证和户籍证明；

（二）申请人所在单位出具的，或村民委员会、居民委员会出具并加盖乡（镇）人民政府或街道办事处公章的本人年龄、婚姻、有无子女、有无抚养教育被收养人的能力等情况的证明（自出具之日起3个月内有效）。

第八条　下列人员申请收养登记时，应当分别提供以下证件和证明：

（一）香港同胞

1. 香港居民身份证、香港同胞回乡证或其他有效身份证件；

2. 经国家主管机关委托的香港委托公证人证明的本人年龄、婚姻、有无子女、健康、职业、财产状况和有无受过刑事处罚的证明（自出具之日起 6 个月内有效）。

（二）澳门同胞

1. 澳门居民身份证、澳门同胞回乡证或其他有效身份证件；

2. 澳门政府民事登记或公证等部门签发的本人年龄、婚姻、有无子女、健康、职业、财产状况和有无受过刑事处罚的证明（自出具之日起 6 个月内有效）。该证明的中译文，须经新华社澳门分社审核，并加盖"外事部译文审核专用章。"

（三）台湾居民

1. 在台湾地区居住的有效证明；

2. 中华人民共和国国家主管机关签发或签注的在有效期内的旅行证件；

3. 经台湾公证机关公证的本人年龄、婚姻、有无子女、健康、职业、财产状况和有无受过刑事处罚的证明（自出具之日起 6 个月内有效）。

（四）居住在与我国建立外交关系国家的华侨

1. 护照或代替护照的证件；

2. 经我驻其居住国使领馆公证的，或经居住国公证机关或公证人公证并经该国外交部门或外交部门授权的机构认证和我驻该国使领馆认证的本人年龄、婚姻、健康、职业、财产状况和有无受过刑事处罚的证明（自出具之日起 6 个月内有效）；

3. 我驻其居住国使领馆出具的有无子女的公证证明（自出具之日起 6 个月内有效）。

（五）居住在未与我国建立外交关系国家的华侨

1. 足以证明其有中国国籍的护照或代替护照的旅行证件；

2. 经其居住国公证机关或公证人公证并经该国外交部门或

外交部门授权的机构认证和与我国有外交关系的国家驻该国使领馆认证的本人年龄、婚姻、健康、职业、财产状况和有无受过刑事处罚的证明以及收养人的子女状况声明书和两名知情人的关于收养人子女状况的证明书（自出具之日起 6 个月内有效）。

第九条 申请收养下列人员，收养人除应提供第七条或第八条规定的证件和证明外，还应当提供以下证明材料：

（一）社会福利机构抚养的孤儿

1. 孤儿的父母死亡或者宣告死亡的证明；

2. 社会福利机构和其业务主管机关出具的同意送养的证明；

3. 有抚养义务的其他人同意送养的书面意见。

（二）弃婴

1. 公安部门出具的查找不到弃婴生父母的证明；

2. 不能提供前项证明的，应通过公告的形式查找弃婴的生父母。公告刊登在收养登记机关或社会福利机构所在地的县以上地方报纸上，由收养登记机关或社会福利机构发布。公告期为 60 日。公告期满，该弃婴的生父母或其他法定监护人未来认领的，视为查找不到生父母的弃婴。

3. 申请收养社会福利机构抚养的弃婴，还应当提供社会福利机构和其业务主管机关出具的同意送养的证明。

（三）申请收养残疾儿童，应当提供县级以上医疗卫生部门出具的残疾状况证明。

第十条 收养登记按下列程序办理：

（一）申请。当事人应当到收养登记机关提出申请，填写《收养登记申请书》，并提交有关的证明材料。

（二）审查。收养登记机关受理登记申请后，应当对当事人提交的证明材料是否齐全、有效，收养人、送养人、被收养人的条件是否符合我国法律的规定进行审查，并进行必要的询问和调查。询问或调查应当制作询问笔录或调查记录。

（三）登记。经审查，凡符合收养法律规定的，收养登记机关应当在受理登记申请次日起30日内，为申请人办理收养登记，发给《收养证》，收养关系自登记之日起成立。凡不符合收养法律规定的，收养登记机关不予登记，并对当事人说明理由。

第十一条　依照本规定登记成立的收养关系，收养人在被收养人成年以前不得解除，但收养人、送养人双方协议解除的除外。收养当事人协议解除收养关系的，应当到收养人户籍所在地收养登记机关办理解除收养关系的登记。

第十二条　申请办理解除收养关系的登记时，申请人须向收养登记机关提交收养人和被收养人的居民身份证和户籍证明、《收养证》、解除收养关系协议书。

第十三条　收养登记机关经审查，对符合《收养法》规定的解除收养关系条件的，准予解除，收回《收养证》，发给《解除收养证》。

第十四条　申请收养登记和解除收养登记，当事人对收养登记机关必须了解的情况应当如实提供。

收养登记机关发现当事人登记时弄虚作假、欺骗收养登记员的，在对被收养人进行妥善安置后，应宣布该项收养登记或解除收养登记无效，收回《收养证》或《解除收养证》，并追究当事人的责任。

第十五条　收养登记员应当由经过培训、考核合格并取得收养登记员证书的人担任。

收养登记员如违反本规定，有应准予登记而不予登记，或者不应登记而给予登记的行为，收养登记机关应及时纠正并视情节轻重给予批评教育或行政处分。

第十六条 收养登记机关应当依照档案管理规定保管收养登记档案。

第十七条 《收养证》、《解除收养证》由民政部统一印制，并加盖收养登记专用章。

第十八条 收养登记机关办理收养登记和解除收养登记收费由民政部会同有关部门另行规定。

第十九条 外国人在中华人民共和国办理收养登记的办法另行规定。

第二十条 本规定由民政部负责解释。

关于解决国内公民私自收养子女有关问题的通知

民发〔2008〕132号

各省、自治区、直辖市民政厅（局）、公安厅（局）、司法厅（局）、卫生厅（局）、人口计生委，新疆生产建设兵团民政局、公安局、司法局、卫生局、人口计生委：

《中华人民共和国收养法》（以下简称《收养法》）实施以来，国内公民依法收养意识不断增强，通过办理收养登记，有效地保障了收养关系当事人的合法权益。但目前依然存在国内公民未经登记私自收养子女的情况，因收养关系不能成立，导致已经被抚养的未成年人在落户、入学、继承等方面的合法权益无法得到有效保障。为全面贯彻落实科学发展观，体现以人为本，依法保护当事人的合法权益，进一步做好国内公民收养子女登记工作，现就解决国内公民私自收养子女问题通知如下：

一、区分不同情况，妥善解决现存私自收养子女问题

（一）1999年4月1日，《收养法》修改决定施行前国内公民私自收养子女的，依据司法部《关于办理收养法实施前建立的事实收养关系公证的通知》（司发通〔1993〕125号）、《关于贯彻执行〈中华人民共和国收养法〉若干问题的意见》（司发通〔2000〕33号）和公安部《关于国内公民收养弃婴等落户问题的通知》（公通字〔1997〕54号）的有关规定办理。

依据司法部《关于贯彻执行〈中华人民共和国收养法〉若干问题的意见》（司发通〔2000〕33号）的规定，对当事人之

间抚养的事实已办理公证的，抚养人可持公证书、本人的合法有效身份证件及相关证明材料，向其常住户口所在地的户口登记机关提出落户申请，经县、市公安机关审批同意后，办理落户手续。

（二）1999 年 4 月 1 日，《收养法》修改决定施行后国内公民私自收养子女的，按照下列情况办理：

1. 收养人符合《收养法》规定的条件，私自收养非社会福利机构抚养的查找不到生父母的弃婴和儿童，捡拾证明不齐全的，由收养人提出申请，到弃婴和儿童发现地的县（市）人民政府民政部门领取并填写《捡拾弃婴（儿童）情况证明》，经收养人常住户口所在地的村（居）民委员会确认，乡（镇）人民政府、街道办事处审核并出具《子女情况证明》，发现地公安部门对捡拾人进行询问并出具《捡拾弃婴（儿童）报案证明》，收养人持上述证明及《中国公民收养子女登记办法》（以下简称《登记办法》）规定的其他证明材料到弃婴和儿童发现地的县（市）人民政府民政部门办理收养登记。

2. 收养人具备抚养教育能力，身体健康，年满 30 周岁，先有子女，后又私自收养非社会福利机构抚养的查找不到生父母的弃婴和儿童，或者先私自收养非社会福利机构抚养的查找不到生父母的弃婴和儿童，后又生育子女的，由收养人提出申请，到弃婴和儿童发现地的县（市）人民政府民政部门领取并填写《捡拾弃婴（儿童）情况证明》，发现地公安部门出具《捡拾弃婴（儿童）报案证明》。弃婴和儿童发现地的县（市）人民政府民政部门应公告查找其生父母，并由发现地的社会福利机构办理入院登记手续，登记集体户口。对于查找不到生父母的弃婴、儿童，按照收养社会福利机构抚养的弃婴和儿童予以办理收养手续。由收养人常住户口所在地的村（居）民委员会确认，乡（镇）人民政府、街道办事处负责审核并出具收养前当事人《子女情况证明》。在公告期内或收养后有检举收养人政策外生育的，由人口计生部门予以调查处理。确属政策外生育的，由人口计生部门按有关规定处理。

捡拾地没有社会福利机构的，可到由上一级人民政府民政部门指定的机构办理。

3. 收养人不满 30 周岁，但符合收养人的其他条件，私自收养非社会福利机构抚养的查找不到生父母的弃婴和儿童且愿意继续抚养的，可向弃婴和儿童发现地的县（市）人民政府民政部门或社会福利机构提出助养申请，登记集体户口后签订义务助养协议，监护责任由民政部门或社会福利机构承担。待收养人年满 30 周岁后，仍符合收养人条件的，可以办理收养登记。

4. 单身男性私自收养非社会福利机构抚养的查找不到生父母的女性弃婴和儿童，年龄相差不到 40 周岁的，由当事人常住户口所在地的乡（镇）人民政府、街道办事处，动员其将弃婴和儿童送交当地县（市）人民政府民政部门指定的社会福利机构抚养。

夫妻双方在婚姻关系存续期间私自收养女性弃婴和儿童，后因离婚或者丧偶，女婴由男方抚养，年龄相差不到 40 周岁，抚养事实满一年的，可凭公证机构出具的抚养事实公证书，以及人民法院离婚判决书、离婚调解书、离婚证或者其妻死亡证明等相关证明材料，到县（市）人民政府民政部门申请办理收养登记。

5. 私自收养生父母有特殊困难无力抚养的子女、由监护人送养的孤儿，或者私自收养三代以内同辈旁系血亲的子女，符合《收养法》规定条件的，应当依法办理登记手续；不符合条件的，应当将私自收养的子女交由生父母或者监护人抚养。

（三）私自收养发生后，收养人因经济状况，身体健康等原因不具备抚养能力，或者收养人一方死亡、离异，另一方不愿意继续抚养，或者养父母双亡的，可由收养人或其亲属将被收养人送交社会福利机构抚养（被收养人具备完全民事行为能力的除外）。其亲属符合收养人条件且愿意收养的，应当依法办理收养登记。

（四）对于不符合上述规定的国内公民私自收养，依据《收养法》及相关法律法规的规定，由当事人常住户口所在地的乡（镇）人民政府、街道办事处，动员其将弃婴或儿童送交社会福利机构抚养。

二、综合治理，建立依法安置弃婴的长效机制

有关部门要高度重视，从构建社会主义和谐社会的高度出发，采取有力措施，加大《收养法》、《登记办法》等法律、法规和政策的宣传贯彻力度，充分发挥乡（镇）人民政府、街道办事处，村（居）民委员会的作用，广泛深入地向群众宣传弃婴收养的有关规定，切实做到依法安置，依法登记和依法收养。

民政部门应协调、协助本辖区内弃婴的报案、临时安置、移送社会福利机构等工作。同时，要进一步加强、规范社会福利机构建设，提高养育水平，妥善接收、安置查找不到生父母的弃婴和儿童；对不按规定，拒绝接收的，要责令改正。

公安部门应依据有关规定及时为弃婴捡拾人出具捡拾报案

证明，为查找不到生父母的弃婴和儿童办理社会福利机构集体户口，将已被收养的儿童户口迁至收养人家庭户口，并在登记与户主关系时注明子女关系；应积极查找弃婴和儿童的生父母或其他监护人，严厉打击查处借收养名义拐卖儿童、遗弃婴儿等违法犯罪行为。

司法行政部门应指导公证机构依法办理收养公证和当事人之间抚养事实公证。

卫生部门应加强对医疗保健机构的监督管理，配合民政、公安部门做好弃婴和儿童的收养登记工作。医疗保健机构发现弃婴和弃儿，应及时向所在地公安部门报案并移送福利机构，不得转送他人或私自收养。

人口计生部门应积极配合民政部门做好收养登记工作，掌握辖区内居民的家庭成员情况和育龄人员的生育情况，做好相关工作。

各地应广泛深入宣传通知精神，集中处理本行政区域内2009年4月1日之前发生的国内公民私自收养。自本通知下发之日起，公民捡拾弃婴的，一律到当地公安部门报案，查找不到生父母和其他监护人的一律由公安部门送交当地社会福利机构或者民政部门指定的抚养机构抚养。公民申请收养子女的，应到民政部门申请办理收养登记。对本通知下发之前已经处理且执行完结的私自收养子女的问题，不再重新处理；正在处理过程中，但按照通知规定不予处理的，终止有关程序；已经发生，尚未处理的，按本通知执行。

各级政府和有关部门应以科学发展观为统领，本着"以人为本、儿童至上、区别对待、依法办理"的原则，积极稳妥地解决已经形成的私自收养问题。各省、自治区、直辖市相关部门应根据通知精神，结合本地实际情况，制订相关实施意见。对已确立的收养关系的户口迁移，应按当地公安部门的现行规定执行。

民政部、公安部

司法部、卫生部

人口计生委

二〇〇八年九月五日

国内与跨国收养及寄养家庭照管实施准则

（国际社会福利理事会第二十七届世界代表大会于1996年7月—8月的香港特别专题讨论会上，对该准则予以认可）

第一章

第1条 指导准则的必要性

一种始终如一、高质量的收养和寄养家庭照管，对一名丧失了自己的出生家庭的儿童来说，作为一种替代的办法，既是必要的，也是合人心意的。

寄养家庭的照管，保证了为一名处在临时家庭危机中的儿童提供替代的家庭照管，目的是使该儿童能同家庭重新团聚并防止家庭的崩溃，而收养便为儿童提供了一种永久性的替代家庭照管，同时在父母与孩子之间也建立了一种合法的关系。

由于法规、政策和在收养与寄养中的实施办法在国内和国际上各不相同，这份实施准则便提供了被国际上承认的，可以作为依据而被运用的标准。这些准则将会有助于促进儿童的幸福成长和保证为儿童的服务顺利进行。这些准则还将预防和阻止对儿童的买卖、贩运和拐骗。

这些指导准则，将会使现有的服务得到进一步改善，使培训手册进一步完善，可以当作被授权当局、被委认团体和收养与寄养照管机构，从事这方面工作的指南。

有了这些指导准则，对检查与评估对儿童的服务更加方便。

由于准则规定了履行与实施的最佳标准；这份国内和跨国收养及寄养家庭照管准则，将会对政策和实践产生影响，达到更加理想的程度。

第2条　序

这些指导准则赞同下列道德原则：

——联合国儿童权利公约；

—— 联合国关于保护儿童和儿童福利，特别是关于国内和国际寄养与收养的社会与法律准则的宣言；

——关于跨国收养中保护儿童和进行合作的海牙公约。

跨国收养指导准则是在国际社会福利理事会的主持下首次制订的。制订本指导准则的计划于1979年提出，通过专题讨论、专家论证，以及在世界上不同地区召开的特别业务会议，使工作得以继续进行。

这一国内收养、跨国收养和寄养家庭照管的综合性指导准则，得到了跨国收养指导准则的启发，是在1994年到1995年，由国际社会福利理事会和国际寄养照管组织的主持召开的专题讨论会和工作组会议所做努力的结晶。

该指导准则，对全世界可能需要家庭照管的儿童做出了贡献，以便保证他们能获得最好的服务。

第3条　指导原则

"确认为了充分而和谐地发展其个性，应让儿童在幸福、亲爱和谅解的气氛中成长。"

——联合国儿童权利公约·序。

1. 采取任何保护儿童的措施，都必须最大限度地考虑儿童的利益和维护儿童的权利。

2. 每个儿童都有在家庭中成长的权利。

3. 儿童应优先得到他（或她）的亲生父母的照管。

4. 各级政府和社会团体，有责任向那些家庭提供机会，并鼓励那些家庭关心他们自己的孩子。政策和纲领的制定必须建立在公正和同情的基础之上。

5. 如果一名儿童没能得到他（或她）的亲生父母的照顾，被授权负责保护儿童的团体，将在收养儿童的大家庭中，考虑长期照管该儿童的各种可能性。

6. 只有当一名儿童在他（或她）的大家庭中，适当的安排或收养没有可能时，在儿童的家庭之外收养这名儿童，才是应该给予考虑的。

7. 当亲生父母和其家族成员不能满足一名儿童充分而和谐地发育成长所必要的条件时，负责保护儿童和儿童福利的被授权团体，必须寻求可供选择的解决办法。如果情况需要的话，可通过收养或长期寄养家庭照管，向孩子提供一个永久性的替代家庭，要比在一个机构照管孩子更好。

8. 只有当孩子需要短时间照管的情况下，寄养家庭照管作为一种福利措施才可予以考虑。为了使孩子有可能最终同他（或她）的家庭重新团聚，必须计划寻找同他（或她）的出生家庭继续保持联系的机会。

9. 寄养家庭照管，就其性质来讲，虽是临时性的，如果需要的话，它有可能一直延续到孩子成年。假如没有长远的解决办法的话，对这种安置就要进行定期的检查。

10. 作为一种优先权，儿童应当首先在他（或她）自己的国家被收养。只有当在该儿童自己的国家不能为其找到一个令人满意的解决办法时，跨国收养作为一种解决办法，才可以被考虑。

11. 一种稳定的、连续的和永久性的关系将会有利于儿童的成长和发育。孩子的儿童时期和青少年时期对于孩子的个性发展特别重要。该儿童生长的各阶段都要安排好，已做决定不要轻易改变，因儿童要以成年人为榜样，需同他们建立终生的关系。

12. 儿童、亲生父母、收养家庭和寄养家庭有权要求保密。主管当局、被委任的团体和寄养照管机构，都要把所有档案记录当作秘密文件处理。任何一方若要使用这些资料，都要依照国家法律办理。

13. 收养儿童，不可当作不正当的经济或其他收入的来源。虐待、出卖和拐卖儿童，将构成严重的法律诉讼案件。

14. 在有关寄养家庭照管和收养的全部过程中，被公认的准则是实际操作的最高标准，这一点非常重要。

15. 鼓励政府加入或批准关于跨国收养方面保护儿童及合作的海牙公约。本指导准则符合海牙公约的条款。

第二章　国内和跨国收养的指导准则

第1条　亲生父母

"儿童出生后应立即登记，并有自出生起获得姓名的权利，有获得国籍的权利，以及尽可能知道谁是其父母并受其父母照料的权利。"

——联合国儿童权利公约·第7条

1. 亲生父母

本文中的亲生父母，在他们在一起时是指父母双方，如果他们是单身时，指母亲或父亲。

2. 心理与社会方面的服务

在该儿童出生之前或出生以后，如孩子的亲生父母考虑把这孩子交给别人收养，那么，就必须安排专业的、有资格的心理与社会工作者（或是在合格的心理与社会工作者监督之下的有经验的工作人员）向孩子的亲生父母提供心理与社会方面的服务。

3. 向父母提供支援服务

心理与社会服务将用来帮助父母为照管他们的孩子考虑各种可供选择的计划。

这些服务是：

（1）在孩子出生之前，不能强迫父母对收养计划承担任何责任。

（2）在他们的决定尚未变得不可改变之前，按照国家的法律，应当让他们有充分的时间来考虑他们放弃自己的孩子，而由他人收养的决定。

（3）向他们提供了充分的服务，并向他们指点了如果他们决定自己抚养孩子时在履行父母职责方面可采用的办法。

（4）向那些放弃自己的孩子由他人收养的父母提供忠告和支援服务。

4. 放弃的含义

帮助那些放弃自己孩子而由他人收养的父母，了解其全部含义和下列事实：

（1）在大多数情况下，收养就意味着同孩子断绝了法律上、社会上和个人间的一切联系。

（2）他们的孩子也许属于国内收养，也许跨国收养。如属跨国收养，就意味着这孩子将在另外一个国家里被抚养成人。

（3）在某些国家，实行公开的收养就意味着将来在他们或孩子的提议下，有可能同孩子建立通信联系。

5. 法律要求

当这对父母为他人收养而放弃了自己的孩子时，主管当局和被委任的团体有责任满足一切法律要求。

6. 简历

父母需提供有关自己身世背景的资料（不必确认）、病历，儿童的身世、健康和发育状况。他们必须清楚，了解这方面的情况是孩子的权利，此事对孩子将来的幸福可能是必要的。

7. 抚养优先权

在扶养孩子问题上，如果这对父母提出任何优先的要求，在做安置孩子的决定时，他们的愿望应当尽可能受到尊重。但考虑孩子的最大利益最为重要。

8. 身份不明的父母和调查期

假如父母的身份不明，被授权的机构要尽一切努力把这对父母找到。对孩子出生家庭的寻找期，由各自国家的主管当局决定。只能在此之后再开始办理收养手续。

第 2 条　儿童

"暂时或永久脱离家庭环境的儿童，或为其最大利益不得在这种环境中继续生活的儿童，应有权得到国家的特别保护和协助。"

——联合国儿童权利公约·第 20 条·第 1 款

1. 收养是为儿童的福利服务

收养的首要目的是向一名儿童提供一个他（或她）自己的

家庭和住所，而不是向一个家庭提供一名儿童。

2. 儿童调查报告

收养，对一名儿童来说，是一项针对个人的生活计划。它必须是在对孩子的心理、社会、精神、医疗、种族文化、法律状况、家庭出身等等调查的基础上决定下来的。

对儿童的调查，必须由主管当局或被委任机构的专业工作者（或是在合格的工作者监督下的有经验的人员）进行准备。

此调查报告将：

（1）为物色未来收养人打下一个基础，并帮助他们做出决定。

（2）为了孩子的需要，在适当的时候，帮着了解孩子出生家庭的情况。

（3）帮助养父养母，了解有关孩子的种族、社会文化背景和宗教情况。

这份儿童调查报告，是一份内容详实的报告，要提供本准则第五部分中所要求的材料。

3. 对双胞胎和兄弟姐妹的安置

在安排收养时，不要把双胞胎或兄弟姐妹分开，特殊情况例外。如因某种原因，他们已经被分开，要安排他们保持联系。

4. 参与收养计划

任何收养安置，在最后定下来之前，都必须按适合孩子年龄和成熟程度的方式同有关孩子商量。

5. 安置前的准备工作

当为孩子们，特别是为那些年龄大一些的孩子们寻找合适的收养家庭时，为了收养安置工作的实际需要，要给孩子们适当地做些准备工作，这些工作包括：

（1）向孩子提供建议，帮孩子领会收养的含义。

（2）通过图片、录相、信件等，对未来的养父母及其生活方式作适当的介绍。

（3）如有可能，让孩子同未来的养父母建立起个人间的联系，适当地帮助孩子适应新的环境。

6. 合法监护人

在合法的收养被最后定下来之前，这名儿童必须有一位被委任的监护人。

7. 被收养儿童的身份

被收养儿童，就像养父母的亲生孩子一样，有着同样合法身份和继承权。

8. 出生登记

一旦合法的收养手续完成后，被收养儿童将获得同等的出生登记证明。

一份原件必须由被授权的机构负责保存。

9. 在跨国收养情况下的移民

在跨国收养的建议被提出之前，该儿童国家的主管当局或被委任机构，对两国间涉及收养问题的法律有无抵触，应彻底了解清楚。

此外，该儿童应能顺利地离开自己的出生国和进入未来收养人的国家，所需要的旅行证件，应适时予以签发。

10. 儿童的生活日志

儿童有权获得自己的档案资料。如有可能，应为被安置的孩子准备一本生活记录簿，以多种形式记录下孩子的身世背景以及其他与此孩子有关的情况。此档案要随同孩子在一起。

11. 知道身份的权利

儿童有权知道自己的身份，特别是有关自己父母的身份。主管当局和被委任机构要保证落实这一权利，并为有关各方在调查出身这一问题时，提供心理和社会方面的服务。

第3条　养父母

1. 标准

收养，绝大部分同那些被剥夺了权利或是被忽视的孩子有关。这些孩子常常经历过创伤。他们需要收养家庭向他们承担义务，提供照料并为他们的生活打下一个永久性的安全基础。

就跨国收养来说，除了养父母具有一般的能力之外，他们还必须具有处理跨种族、跨文化和跨国家等方面收养问题的能力。

2. 批准

未来的养父母，必须由主管当局或被委任的机构批准。

涉及到跨国收养问题，他们必须满足两国主管当局的要求。

3. 心理与社会服务调查与准备

向未来的养父母提供心理与社会服务将是主管当局和被委任机构应负的责任。它包括：

（1）提供有关的资料以及帮助他们作出决定，收养对他们来讲是不是最好的计划。在此之前要帮助他们了解养父母要承担比亲生父母更多的责任；

（2）对所需要的程序和证明文件提出忠告，其中包括对任何刑事犯罪问题和对儿童的虐待；

（3）对他们能否满足一名或数名要求被收养儿童的需要所

具备的能力和潜力进行评估，包括接受那些兄弟姐妹以及特殊需要的儿童等等；

（4）帮助养父母做好收养准备工作，如有可能，安排同其他收养家庭以及成年的被收养人进行接触等等；

（5）提供收养安置后的服务，帮着完成收养；

（6）如果决定不把孩子安排给申请人，就要与其磋商或把孩子安排给其他收养机构。

4. 关于收养家庭的调查报告

收养家庭的调查报告，要在申请人居住的社区，由专业工作者（或是在合格的专业工作者的监督之下有经验的工作人员）进行准备，并提供以下材料：

（1）申请人被接受为未来收养人的根据；

（2）评估收养人抚养一名有可能不适应家庭生活的特定孩子的能力；

（3）向其他当局，如法院，提供有关的材料。

这份详细的家庭报告所提供的材料，最低限度要像本章第六部分中要求的那样。

5. 让被收养人了解收养身份和简历

要让养父母清楚，孩子有权知道自己是被收养的，有权知道自己的简历。

向养父母提供建议和其他帮助，包括同别的收养家庭和成年的被收养人建立联系，假如被收养的孩子决定寻根，要给予理解和支持。

6. 收养的完成

养父母负责尽快把法定收养程序完成。

第 4 条　主管当局和被委任机构

"凡承认和（或）许可收养制度的国家应确保以儿童的最大利益为首要考虑。"

——联合国儿童权利公约·第 21 条

"每一缔约国应指定一个中央机关，负责本公约对该机关所规定的任务。"

"一个缔约国的委任机构在另一个缔约国进行活动，须经两国的主管机关授权。"

——关于跨国收养中保护儿童和进行合作的海牙公约第 6 和第 12 条

1. 委任

收养安排，必须通过政府收养当局或政府承认或委任的机构进行，如为跨国收养，它将包括缔约国的出生国政府和接受国政府。

将敦促政府制定政策、颁布法律，来阻止那些未来的养父母和未经委任的人士直接安排收养。对违法者将予以重罚。

2. 工作人员

中央当局或被委任机构将雇用：

（1）一个由受过多种专业训练的人员组成的能胜任队伍。他们包括专业社会工作者和心理学家等。这些人，在儿童福利和儿童发育方面，特别是收养工作方面，要有工作经验。

（2）非专业工作人员，必须在合格工作者的监督之下工作。

3. 收养是一个经过深思熟虑的决定

中央当局或被委任机构要了解清楚以下问题：

（1）首先要尽一切努力，让孩子留在他（或她）自己的家中，包括在其家族中。

（2）收养，是照管孩子的最佳的选择。

4. 跨国收养中的安置问题

如为跨国收养，儿童出生国的主管当局或被委任机构要保证：

（1）首先要考虑把孩子安置在其出生国内一个家庭中的各种选择。

（2）跨国收养，是照管孩子的第二个最好的选择。

5. 法律要求：

在任何一项收养计划被考虑之前，主管当局或被委任机构要负责证实以下问题：

（1）儿童在法律上有被收养的自由；

（2）所需文件都是合法有效的；

（3）关于国际收养问题，所有文件在出生国和接受国都必须是合法而有效的，而且在儿童的权利问题上，要同法律没有抵触。

6. 跨国收养的申请程序

一份收养申请，必须通过接受国的主管当局或被委任的机构转送，否则，出生国的主管当局将不予考虑。

7. 对跨国收养的监控

两国有关的主管当局和被委任机构，将监视收养的全部过程。这些监控包括：

（1）在把一名儿童分配个一个收养家庭时，首先要考虑儿童的最大利益；

（2）办理收养手续的费用是正常的，没有为此达到牟取暴利和贩卖儿童的目的；

（3）养父母须按规定的程序办理收养手续；

（4）完成收养的全部法律手续，务必尽早结束，不得迟于安置后的两年。

另外，一旦收养令颁发，接受国的主管当局或被委任机构必须负责把收养令的细节通知给出生国的主管当局或被委任机构。

8. 监督

一旦一名儿童被安置收养，主管当局或被委任机构必须：

（1）接受监督安置的任务；

（2）在双方商定的时期内，向儿童出生国的主管当局或被委任机构提供有关孩子发育情况的必要报告。

9. 收养中断

在收养问题被定案之前，如果对孩子的安置计划被中断，那么，主管当局或被委任机构，要负责确保再进行一次令人满意的安置。

如为跨国收养，接受国的主管当局要负责对孩子进行令人满意的重新安置，并保证使该儿童取得永久合法地位。此事要同出生国的主管当局协商进行。

10. 寻查出身

主管当局或被委任机构要把每个孩子的文件和记录保管好，以备日后查阅。如为跨国收养，孩子出生国和接受国的主管当局或被委任机构应承担这一责任。

11. 调查研究

主管当局或被委任机构，要保证把所有文件都保存好并使其使用方便，这样才能对从事真正的调查有所帮助。

12. 对被委任机构的管理

（1）所有被委任机构，必须服从各自国家主管当局的委任和定期的监督。

（2）在跨国收养中，出生国的被委任机构必须由接受国的主管当局批准，反过来也是一样。

13. 保持社区联系

被收养的儿童需要同他们出生地的人民保持联系，也需要收养家庭所在社区的支持与认可。主管当局或被委任机构要尽力予以支持。

14. 同其他收养家庭的联系

养父母需要同其他收养孩子的家庭保持联系，主管当局或被委任机构要为此提供方便。

15. 费用

要对从事收养工作的专业人员支付合理的费用。

16. 被委任机构的关闭

在被委任机构关闭的情况下，主管当局要负责对文件和记录的保管，并将其转交给另一主管当局或被委任机构。

17. 提倡与宣传

主管当局或被委任机构将：

（1）在收养中维护儿童的权利，负责帮助为儿童创造一个美好的环境。

（2）提倡让那些丧失了自己家庭的儿童优先得到永久性家庭的政策。

（3）根据负责儿童工作的主管当局的批准和儿童本人的同

意（需考虑其年龄以及成熟的程度），采取进一步措施为孩子寻找家庭。

第 5 条　儿童调查报告

对儿童的详细调查报告，应尽量把孩子的出身背景和需要等下列资料包括在内：

1. 尽可能有文件证明的身份资料；

2. 儿童的近照；

3. 儿童的简历，包括：

（1）姓名，谁起的名字；

（2）按年月顺序对儿童安置的详细记载，重新安置的日期和理由；

（3）该儿童族遗弃或被放弃的明确理由。

4. 出生家庭的简况，包括：

（1）亲生父母、兄弟姐妹和家族的材料；

（2）家庭状况；

（3）种族背景及宗教；

（4）健康状况；

（5）母亲怀孕与分娩的详细情况。

5. 该儿童的身体、智力和情绪状况；

6. 附上该儿童的病历和健康记录（包括住院治疗期间）；

7. 目前的周围环境，照管类型（同出生家庭、寄养家庭、机构等在一起）、关系、惯例、习惯和表现。尽量把这类材料包括在生活记录簿之中；

8. 儿童的意见（需考虑其年龄和成熟程度）；

9. 尽可能由专业人员组成的多职能支援小组进行的评估，

建议收养的理由，一个收养家庭在满足这名儿童的需要方面的合格条件；

10. 假如跨国收养是最令人满意的一种照管选择，要说明其正当的理由。

第 6 条　收养家庭调查报告

未来的收养家庭应参加家庭调查报告的准备工作，报告至少要包括下列内容：

1. 能证明身份的必要文件，如结婚、离婚和出生证明等；

2. 未来收养家庭的简况：

（1）他们自己的童年经历，成长情况和人际关系；

（2）有关家庭中其他成员的材料；

（3）收养家庭中的孩子和其他亲戚对收养计划的态度；

（4）未来收养家庭对社会、人种与文化背景、语言和宗教的认同；

（5）刑事犯罪和虐待儿童的档案记录。

3. 家庭近照；

4. 未来收养家庭成员的身体、智力、情绪及受教育的状况；

5. 家庭成员的病历和健康状况；

6. 职业与家庭财产；

7. 居住及所在社区环境；

8. 收养动机；

9. 在一种充满着慈爱及精神和物质有保障的气氛中，向孩子提供教养和管理的能力；

10. 来自亲戚、朋友及社区方面的证明材料和感情支持；

11. 尽可能由专业人员组成的多职能支持小组进行评估，说明：

（1）批准未来养父母的理由；

（2）他们希望收养和有能力抚养的孩子的详细情况（年龄、性别、是否接受兄弟姐妹和有特殊需要的儿童等）。

12. 如进行跨国收养，收养家庭处理跨种族、跨文化问题的能力，以及处理孩子日后打算寻根一事的能力。

第三章　寄养家庭照管的指导准则

本指导准则将有助于通过加强寄养照管机构和寄养家庭的力量，来保护置于他们的照管之下的儿童的健康、安全、种族继承和尊严，以减少在家庭之外安置儿童的危险。

对那些需要临时照管的孩子来说，家庭寄养照管，被认为是限制最少，能教养孩子的一种家庭之外安置方式。

释义

1. 寄养家庭照管：即一种可选择的家庭照管。为满足孩子的特殊需要，照管时期的长短也因国家的不同而不同。它可以是收养前的照管；周末照管；假日照管；对残疾儿童的临时照管，在一个家庭中对一批儿童的照管或是对一名不能被收养的儿童的长期照管。

2. 寄养家庭：是由权威当局批准的成年人，向那些放在他们家里的儿童提供临时的教养和感情上的帮助。这些有计划的，有目的服务，旨在帮助最终解决孩子的长期生活问题。

3. 亲生父母：是指在一起生活的父母双方，或单独生活的母亲或父亲。

4. 支援组：它同寄养照管者和寄养家庭之间是一种互补的合作关系。它包括像心理学、社会工作、健康、教育和法律等方面的专业工作人员。如果这种服务行之有效，那么这个多功能的支援队会为每一名儿童制定一项监控计划。

第1条 亲生父母

"儿童出生后应立即登记，并有自出生起获得姓名的权利，有获得国籍的权利，以及尽可能知道谁是其父母并受其父母照料的权利"。

联合国儿童权利公约·第7条·第1款

1. 个人尊严和被尊重的权利

亲生父母享有个人尊严和被尊重的权利，有权被通知享受和运用这些权利。而同时，他们也要尊重别人的权利。

2. 计划和参与对孩子的安置

亲生父母应：

（1）有计划照管孩子的责任；

（2）有权作为一名成员参加支援组；

（3）有义务实践同孩子、社会服务机构、寄养家庭和支援组许下的诺言；

（4）有权接受忠告和被指导使用有利于使孩子回来的手段；

3. 背景材料

亲生父母必须提供有关他们自己和孩子的背景、病历及发育状况的材料；

4. 团聚

亲生父母有权让孩子从被安置的地方回来：

（1）假如一旦他们的家庭情况恢复正常；

（2）如果这种安置是照他们的要求来做的；

5. 重大事件

孩子的亲生父母有权知道这孩子的生活中发生的任何重大事件或进展。

6. 宗教与种族文化教育

孩子的亲生父母有权表明他们希望为孩子选择的宗教、语言、种族文化教育。

7. 申诉

孩子的出生家庭有权通过已建立的申诉程序表达自己的意见、想法、感情和信仰而不受到惩罚。

8. 父母权利的终止

只有对亲生父母继续参与孩子生活的能力进行评估之后，才能确定是否终止父母的权利。

第2条　处于寄养照管之下的儿童

"暂时或永久脱离家庭环境的儿童，或为其最大利益不得在这种环境中继续生活的儿童，应有权得到国家的特别保护和协助。"

——联合国儿童权利公约·第20条·第1款

1. 参与照管计划

在安置工作开始发生任何变化或被定案之前，都要按适合有关儿童年龄和成熟程度的方式同该儿童商量。

2. 同出生家庭的联系

寄养家庭照管的孩子将保持同其出生家庭成员的联系，除非另有表示。

3. 儿童在发育中的需要

寄养家庭要向孩子提供：

（1）日常的预防、急诊、牙齿保健及营养平衡的饭菜；

（2）合身、干净、适合季节、年龄、性别、活动和个人需要的衣服；

（3）根据孩子的能力和该国的规定，对孩子进行正式或非正式的教育；

（4）根据出生家庭的愿望，尽量帮着满足孩子精神上的需要；

（5）对孩子的心理、情绪有帮助作用的服务手段，特别发展孩子在健康的性行为方面处理问题的能力。

（6）向孩子提供发展本民族文化的机会。

4. 儿童调查报告

寄养家庭的照管，对一名儿童来讲是一项针对个人的照管计划。该计划的决定，必须建立在对儿童心理、社会、医疗、法律状况及其亲生父母进行调查研究的基础之上。

儿童的调查报告，必须由主管当局或机构的专业工作者（或是由在合格工作者监督之下的有经验的工作人员）进行准备。

该报告将：

（1）为孩子找到未来合适的寄养父母，并为帮他们做出决定打下基础；

（2）在适当的时候，帮孩子了解其亲生父母的情况；

（3）帮助寄养父母了解孩子的情况及其有关资料，如种族、社会、文化和宗教的教养问题。

该儿童调查报告，要详细地提供在本准则第五部分中所要求的材料。

5. 双胞胎和兄弟姐妹的安置

在安置寄养时，不要把双胞胎或兄弟姐妹分开，特殊情况的例外。如因某种原因，他们已经被分开，要安排他们保持联系。

6. 安置前的准备工作

当为孩子，特别是为那些大龄孩子寻找合适的寄养家庭照管时，为了安置工作的实际需要，要为孩子做些适当的准备工作，这些工作包括：

（1）向孩子提供建议，帮助孩子理解寄养家庭照管的含义；

（2）通过会面、访问、图片、录相和信件等，对未来的寄养父母以及他们的生活方式作适当的介绍。

7. 儿童的生活日志

儿童有权获得自己的生活背景。如有可能，应为被安置的孩子准备一本生活记录簿，以多种形式记录下孩子的身世背景以及其他与此孩子有关的情况，此材料，要随同孩子在一起。

8. 娱乐和社会活动

玩耍和庆祝生活中的重大事件，是孩子发育成长中的一个重要方面，应予以鼓励。

9. 为独立生活做准备

生活在寄养照管中的孩子，为了以后创造丰富多彩的生活有权被鼓励获得适当技能。

10. 寻根

儿童有权知道自己的身份，特别是有关自己父母的身份。主管当局和机构要保证落实这一权利，并为有关各方在调查孩子的出身问题时，提供心理与社会方面的服务。

第 3 条 寄养家庭

1. 批准

未来的寄养家庭必须由主管当局和（或者）寄养照管机构负责批准。

2. 家庭调查报告

寄养家庭的调查报告，要在申请人居住的社区，由专业工作者（或是在合格的专业工作者监督之下的有经验的工作人员）进行准备，并提供以下材料：

（1）他们的年龄、收入、婚姻状况、种族、宗教信仰、性别、身体状况或残疾状况，寄养照管动机和能力，童年时代的经历、教养、家庭中人与人之间的关系，有无刑事犯罪记录和虐待儿童的记录。

（2）家庭调查报告要写得详细，至少就像第 3 章第 6 部分中所提供的材料那样。

3. 权利

寄养家庭有个人尊严和被尊重的权利，有被首先当作家庭，其次当作服务的提供者的权利，有权被告知并享受这些权利。

4. 寄养协议

寄养家庭，在接受孩子之前，要签署一项寄养协议。该协议规定了寄养家庭和主管当局或有关机构的权利和责任。

5. 安置协议

寄养家庭在安置每个孩子之前，要签署一项安置协议。

6. 儿童的资料

寄养家庭将从主管当局或机构那里获得有关孩子心理、情绪和身体及其家庭的资料。

7. 紧急安置

寄养家庭接受紧急安置时，必须同主管当局或机构签定书面协议，在安置后的指定时间内，提供所有必要和正规的文件。

8. 参与案例计划

寄养家庭，要参与为每个在照管中的孩子制定书面计划的工作。要定期地对该计划进行审查，指导孩子同自己的家庭团聚或是做长期的打算。

9. 共享儿童的资料

为了向每名儿童提供服务，寄养家庭要同主管当局或机构的代表进行合作。鼓励他们分享有关儿童的进展和问题的资料。

10. 寄养家庭同出生家庭之间的关系

根据案例计划以及同主管当局或机构之间的合作，寄养家庭要为孩子同其出生家庭的通信联系提供方便。

11. 出走或受伤

在孩子受伤或出走的情况下，寄养家庭必须立即向有关当局或机构报告，并采取必要的行动。

第4条 主管当局和机构

"缔约国确认在有关当局为照料、保护或治疗儿童身心健康的目的下受到安置的儿童，有权获得对给予的治疗以及与所受安置有关的所有其他情况进行定期审查。"

——联合国儿童权利公约·第25条

1. 委任

寄养安排，只能由政府寄养照管当局，或被承认的或被委任的机构进行。

2. 纲领与程序指南

主管当局或机构将制定、保留、修订和使用一份书面的政策和程序手册。

3. 使孩子留在自己出生家中的各种选择

主管当局或机构，要彻底了解清楚、让孩子留在自己出生家中的所有办法都考虑到了，寄养照管是照管这孩子的最好选择。

4. 对儿童的调查

在安置工作之前，主管当局或机构要准备一份包括儿童的状况和需要的综合性材料，就像第五部分中的材料那样。

5. 寻找、批准寄养家庭和准备家庭调查报告

主管当局或机构，将寻找、审查、指导和训练寄养家庭。批准寄养家庭要照已确立的程序去办理。一份寄养家庭的调查报告要由主管当局或机构按第六部分中的要求予以准备。

6. 为家庭配孩子

主管当局和机构将制定一项制度：

（1）评估儿童与寄养家庭的需要；

（2）要使孩子的需要与寄养家庭的能力和财力相称；

（3）为孩子和寄养家庭做安置的准备工作。

7. 支援组

主管当局或机构将利用支援组的服务来保证对安置目标的完成。

8. 培训和工作量

寄养照管工作者和家庭服务工作者，应是合格的、受过训练的、有能力的人员，他们要继续接受主管当局对他们的培训

和监督。工作人员办案量的大小，要以为满足对每个孩子的需要而提供的服务和支援的水平而定。

9. 寄养照管协议

主管当局或机构将制定一项寄养照管协议，作为对接受安置的一种要求，将要求寄养家庭会签。本协议将包括寄养家庭、出生家庭、主管当局或有关机构的权利和责任。

10. 安置的限制

主管当局或机构，对一次在一个寄养家庭安置孩子的数量将予以限制。双胞胎和兄弟姐妹应安置在一个寄养家庭之中。

11. 安置协议

主管当局和机构，将制定一项有关在寄养家庭中安置每一名儿童的协议，并要求寄养家庭予以会签。本协议将包括本案工作者进行监督访问的次数，和对规定的有关儿童福利和进展情况报告的递送。

12. 保持家庭联系

主管当局或机构，只要有可能和符合儿童的最大利益，都要帮助孩子同自己的出生家庭建立联系。

13. 长期的打算

主管当局或机构，在安置孩子开始后不久，要着手制定一项长期的计划。

14. 寄养儿童的出走、被忽视和受虐待

一旦得到寄养儿童被寄养家庭忽视和虐待或已经出走的消息后，按现政府的规定和机构的章程，对此事立即进行调查。

15. 定期的相互复查

主管当局或机构，要同寄养家庭制定一项定期的相互核查的措施。这种核查，要对寄养家庭照管孩子的力量与需要，以及寄养家庭同主管当局或机构之间的关系进行评估。

16. 承认寄养家庭的贡献

主管当局或机构，将制定一项政策来承认寄养家庭为孩子的福利所做的贡献。

17. 寄养之家的关闭

主管当局或机构，要为寄养之家在各种不同情况下的关闭制定书面的政策和措施。这些包括寄养家庭自愿撤销服务及其请求，并针对终结命令的程序进行复审。

18. 保留档案记录

主管当局或机构将建立个人档案记录。这些记录，将是一份包括有关孩子及其出生家庭同寄养照管问题有关系的定期的叙事型报告。

第5条 儿童调查报告

对儿童的详细调查报告，应尽可能包括有关孩子的出身背景和需要的下列内容：

1. 任何能证明身份的文件资料；

2. 儿童的近照；

3. 儿童的简历，包括：

（1）姓名，谁给起的名字；

（2）按年月顺序对儿童安置的详细记载、重新安置的理由和日期；

4. 该儿童要求寄养家庭照管的明确理由及期限；

5. 出生家庭的简况，包括：

（1）亲生父母，兄弟姐妹和家族的资料；

（2）家庭状况；

（3）种族背景及宗教；

（4）健康状况；

6. 该儿童的身体、智力和情绪状况；

7. 附上该儿童的病历和健康记录（包括住院治疗期间）；

8. 目前的周围环境，照管类型（同出生家庭、寄养之家、机构等在一起），关系、惯例，习惯和表现。尽量把这类材料包括在档案资料生活记录簿之中；

9. 儿童的意见（需考虑其年龄和成熟程度）；

10. 尽量由受过多种训练的专业人员支援小组进行的评估，建议寄养的理由以及该家庭在满足这名儿童的需要方面的合格条件。

第6条　寄养家庭调查报告

未来的寄养家庭应参加家庭调查报告的准备工作，报告至少要包括下列内容：

1. 能证明身份的必要证件，如结婚、离婚、出生证明等；

2. 未来寄养家庭的简况，包括：

（1）他们自己的童年经历，成长情况和人际关系；

（2）家庭中其他成员的资料；

（3）寄养家庭中的孩子和其他亲戚对寄养照管计划的态度；

（4）未来寄养家庭对社会、人种、文化背景、语言和宗教的认同；

（5）刑事犯罪和虐待儿童的档案记录。

3. 家庭近照；

4. 未来寄养家庭成员的身体、智力、情绪及受教育的状况；

5. 附上家庭成员的病历和健康记录；

6. 职业与家庭财产；

7. 居住情况及所在社区的环境；

8. 寄养的动机；

9. 要在一种充满慈爱以及精神和物质有保障的气氛中，向孩子提供教养和管理的能力；

10. 来自亲戚、朋友及社区方面的证明材料和感情支持；

11. 尽可能由受过多种专业训练的支持小组进行评估，说明：

（1）批准未来寄养父母的理由；

（2）他们希望寄养和有能力抚养的孩子的详细情况（年龄、性别、是否接受兄弟姐妹和有特殊需要的儿童等)。

民政部关于规范生父母有特殊困难无力抚养的子女和社会散居孤儿收养工作的意见

民发〔2014〕206号

各省、自治区、直辖市民政厅（局）：

为规范生父母有特殊困难无力抚养的子女和社会散居孤儿（以下简称两类儿童）的收养工作，切实维护被收养儿童的合法权益，根据《中华人民共和国收养法》及《中国公民收养子女登记办法》、《外国人在中华人民共和国收养子女登记办法》及相关规定，现就两类儿童收养提出如下意见：

一、坚持两类儿童收养工作原则

收养应当有利于被收养未成年人的抚养、成长。要落实儿童利益最佳的原则，把"一切为了孩子"的要求贯穿于收养工作始终，让儿童回归家庭，得到父母的关爱和良好的教育。要坚持国内收养优先的原则，鼓励、支持符合条件的国内家庭收养，研究创制亲属收养的政策措施，积极引导国内家庭转变收养观念，帮助大龄和残疾儿童实现国内收养。同时，积极稳妥地开展涉外收养工作。要遵循平等自愿的原则，充分尊重被收养人和送养人的意愿，切实维护其合法权益。对送养年满十周岁以上未成年人的，要征得其本人同意。告知送养人送养的权利义务，让其知晓送养后的法律后果，方便其行使选择权利。他人不得诱使或强迫监护人送养。要坚持依法登记的原则，强化对收养登记工作人员的管理约束，不断增强法律意识，提高依法办事能力，严格依法依规办理收养登记。

二、明确送养人和送养意愿

生父母有特殊困难无力抚养的子女由生父母作为送养人。生父母均不具备完全民事行为能力且对被收养人有严重危害可能的，由被收养人的监护人作为送养人。社会散居孤儿由其监护人作为送养人。社会散居孤儿的监护人依法变更为社会福利机构的，可以由社会福利机构送养。送养人可以向民政部门提出送养意愿。民政部门可以委托社会福利机构代为接收送养意愿。

三、严格规范送养材料

提交送养材料时，送养人可以直接向县级以上人民政府民政部门提交，也可以由受委托的社会福利机构转交。受委托的社会福利机构应当协助送养人按照要求提交送养证明材料。

送养人应当提交下列证件和证明材料：本人及被收养人的居民身份证和居民户口簿或公安机关出具的户籍证明，《生父母或监护人同意送养的书面意见》，并根据下列情况提交相关证明材料。

（一）生父母作为送养人的，应当提交下列证明材料：

1. 生父母有特殊困难无力抚养子女的证明；

2. 生父母与当地卫生和计划生育部门签订的计划生育协议。

生父母有特殊困难无力抚养的证明是指生父母所在单位或者村（居）委会根据下列证件、证明材料之一出具的能够确定生父母有特殊困难无力抚养的相关证明：

（1）县级以上医疗机构出具的重特大疾病证明；

（2）县级残疾人联合会出具的重度残疾证明；

（3）人民法院判处有期徒刑或无期徒刑、死刑的判决书。

生父母确因其他客观原因无力抚养子女的，乡镇人民政府、街道办事处出具的有关证明可以作为生父母有特殊困难无力抚养的证明使用。

（二）如生父母一方死亡或者下落不明的，送养人还应当提交下列证明：

1. 死亡证明、公安机关或者其他有关机关出具的下落不明的证明；

2. 经公证的死亡或者下落不明一方的父母不行使优先抚养权的书面声明。

（三）生父母以外的监护人作为送养人的，应当提交下列证明材料：

1. 生父母的死亡证明或者人民法院出具的能够证明生父母双方均不具备完全民事行为能力的文书；

2. 监护人所在单位或村（居）委会出具的监护人实际承担监护责任的证明；

3. 其他有抚养义务的人（祖父母、外祖父母、成年兄姐）出具的经公证的同意送养的书面意见。

生父母均不具备完全民事行为能力的，还应当提交生父母所在单位、村（居）委会、医疗机构、司法鉴定机构或者其他有权机关出具的生父母对被收养人有严重危害可能的证明。

（四）涉外送养的，送养人还应当提交下列材料：

1. 被收养人照片；

2. 县级以上医疗机构出具的被收养人体检报告；

3. 被收养人成长报告。

体检报告参照《关于社会福利机构涉外送养若干规定》（民发〔2003〕112号）办理。被收养人成长报告应全面、准确地反映儿童的情况，包括儿童生父母简要情况、儿童成长发育情况、生活习惯、性格爱好等。7岁以上儿童的成长报告应着重反映儿童心理发育、学习、与人交往、道德品行等方面的情况。

四、依法办理收养登记

（一）中国公民收养两类儿童登记

中国公民收养两类儿童登记的办理，按照《中国公民收养子女登记办法》及相关规定执行。

（二）外国人收养两类儿童登记

外国人收养两类儿童登记的办理，由省级人民政府民政部门对送养人提交的涉外送养材料进行审查，认为符合法律规定的，填写《生父母有特殊困难无力抚养的子女和社会散居孤儿涉外送养审查意见表》，并向中国儿童福利和收养中心报送，同时附两套上述涉外送养材料的复制件以及被收养人照片。

中国儿童福利和收养中心为被收养人选择到外国收养人后，向省级人民政府民政部门发出《涉外送养通知》，由省级人民政府民政部门书面通知送养人，或者由受委托的社会福利机构代为转交送养人。

送养人接到书面通知后，省级人民政府民政部门和受委托的社会福利机构，应当积极协助送养人做好交接工作，并指导送养人将收养人的情况如实告诉7周岁以上被收养人，帮助送养人做好被收养人的心理辅导。

受委托的社会福利机构可在自身条件允许时，应当事人一方要求，指定人员陪同送养人和被收养人办理收养登记。

外国人收养两类儿童的其他事宜参照《关于社会福利机构涉外送养若干规定》（民发〔2003〕112号）执行。

五、做好两类儿童收养工作的相关要求

各级人民政府民政部门要加强对受托社会福利机构指导督促，做好宣传引导工作，依法保障两类儿童收养工作的健康开展。要切实加强对被收养人的身份审核。受委托的社会福利机构要对被收养人和送养人的情况进行实地调查走访，重点了解是否符合两类儿童的送养条件，注意做好调查笔录、材料保存等工作，严防弄虚作假。有条件的地方可通过政府购买服务、引入社会工作者等方式开展收养评估工作，对被收养人和送养人的情况进行了解把握。各级人民政府民政部门要加强对送养证明材料的审查，依法办理收养登记。

中华人民共和国民政部

2014 年 9 月 28 日

司法部关于在涉外收养中严格审查和办理公证的通知

司发通〔1995〕081号

各省、自治区、直辖市司法厅（局）：

近来，中国收养中心（筹备组）和一些地方的公证处在审查和办理涉外收养公证过程中，发现有的送养人不具备送养人资格，有的送养人未经批准私自调换被收养人或将他人监护的儿童以自己的名义送养。甚至出现将有生父母的儿童以变相收买的形式伪称弃婴收留后送养的问题，严重违反了有关法律的规定，对我国涉外收养工作和我国的国际形象造成了很坏的影响。为了保证涉外收养工作在法制的轨道上正常运行，切实保障父母儿童的合法权益，根据《中华人民共和国收养法》和《外国人在中华人民共和国收养子女实施办法》（以下简称《实施办法》）的有关规定，现对涉外收养中遵守真实合法原则，严格审查和办理公证的有关问题通知如下：

一、公证处应严格审查收养关系主体的真实身份

为了确保被收养人以合法身份收养，办理涉外收养的公证处对被收养人和送养人提交的下列证明文件必须进行严格审查。

（一）被收养人的生父母（包括已经离婚的）作送养人，应提交的证明文件：

1. 被收养人的出生公证书、县级以上医院的身体健康检查（包括肝功能和澳抗检查）、近期二寸免冠照片6张；

2. 生父母双方同意送养的声明书公证书，以及生父母抚养困难的公证书；

3. 生父母双方不再生育子女的保证（需经其所在单位或住所地计划生育部门同意）；

4. 生父母的身份证复印件或户口本复印件；

5. 被收养人的生父或生母因丧偶或一方下落不明，由单方送养的，应当提交配偶死亡公证书、死亡或下落不明一方的父母不行使优先抚养权声明书公证书。

（二）被收养人是孤儿，其监护人作送养人，应当提交的证明文件：

孤儿的出生公证书和其生父母的死亡公证书、以及其他有抚养义务的人同意送养的声明书公证书；县级以上医院的被收养人身体健康检查、近期二寸免冠照片6张、送养人的身份证或户口本复印件，以及合法监护的证明。

（三）被收养人是弃婴的，送养人应提交的证明文件：

1. 被收养人的来源情况公证书（内容包括被收养人的出生日期；被遗弃的时间、地点；发现人的姓名、工作单位或住所地；被送到公安部门或直接送到社会福利机构的时间、过程，或由群众抚养的时间、过程）、县级以上医院的身体健康检查（包括肝功能和澳抗的检查）、近期二寸免冠照片6张。

2. 送养人的法人资格公证书、被收养人合法监护人公证书，以及同意送养声明书。

二、上述公证事项由送养人和被收养人住所地公证处受理（不限于办理涉外收养公证的公证处）

公证处办理上述公证事项时应注意：

1. 必须认真调查核实拟送养的儿童来源，查明是否是送养人的亲生子女、是否是真弃婴或孤儿，如果儿童的真实来源与送养人申办公证时提供的来源情况不一致的，应拒绝办理公证。

2. 对送养人的主体资格的真实性与合法性进行审查，社会福利机构作送养人的，必须具有法人资格，并且只能送养自己合法监护的儿童，不得将他人（含公民个人或其他社会福利机构）抚养的弃婴或孤儿转送养。

3. 被收养人的出生公证书和来源公证书必须粘贴本人近期照片，交中国收养中心（筹备组）一式三份，同时报省（区、市）司法厅（局）公证管理处备案。

三、公证处办理涉外收养公证时应注意

1. 收养关系各方当事人必须亲自到公证处申请办理公证，收养人夫妻中一方因故不能到公证处办理的，另一方必须持有经公证、认证的对方的授权委托书。

2. 办理涉外收养的公证处与送养人、被收养人住所地公证处应加强联系充分配合，共同做好涉外收养工作。公证处必须认真核实收养人和被收养人与中国收养中心（筹备组）所发文件中的照片是否是同一人。公证处如发现送养人与收养人未经中国收养中心（筹备组）同意，自行协商更换被收养人，或发现当事人与《收养许可通知书（C）》不符合的，应拒绝办理收养公证。

3. 收养人必须持有《收养许可通知书（A）》和《收养登记证》；送养人必须持有《送养许可通知书》；他们所提交的证明文件必须符合《实施办法》第十二条的规定。

4. 在办理收养手续过程中，当事人应依照规定向不同的单位或部门交纳费用，公证处在办理涉外收养公证时发现有强行截留或代其他部门收取费用的，应拒绝办理公证，并报告省（区、市）司法厅（局）公证管理处和通知中国收养中心（筹备组）。对买卖和变相买卖儿童的应报告当地公安机关。

四、公证处出具涉外收养公证书的具体要求，仍应按照《关于办理涉外收养公证程序及有关事项的通知》〔（95）司公函014号〕第四、五项的规定办理

公证处在办理涉外收养公证时，应随时与省（区、市）司法厅（局）公证管理处和中国收养中心（筹备组）保持联系。

本通知自发文之日起执行。

中华人民共和国司法部

1995 年 7 月 10 日

民政部办公厅关于做好外国收养人和
被收养儿童来华寻根回访接待工作的通知

民办函〔2006〕61号

各省、自治区、直辖市民政厅（局），计划单列市民政局，新疆生产建设兵团民政局：

自我国开展涉外收养工作以来，已有数万名孤儿、弃婴被外国收养人收养。现今，他们多数已经长大，希望来中国寻根，回访自己出生的祖国。寻根回访已是外国收养人和被收养儿童的迫切要求，一些收养组织、旅行社和其他机构也相继开始组织"寻根游"等活动。但由于缺乏统一规范和管理，组织、接待过程中出现了不少问题，影响了寻根回访效果和我国涉外收养工作的形象。为了确保寻根回访活动健康有序地开展，现就做好寻根回访接待工作通知如下：

一、充分认识寻根回访接待工作的重要意义

涉外收养工作发展到今天，越来越多的收养家庭渴望通过对送养国的回访和寻根，让被收养儿童体验更多祖国文化，正确对待被收养的经历和成长中的问题。做好寻根回访接待工作是保障被收养儿童健康成长的客观要求，也是涉外收养工作的延伸和组成部分，是涉外收养工作发展的必然趋势。做好寻根回访接待工作有利于帮助被收养儿童正确对待身份、种族、文化认同等问题，更好地融入社会；有利于被收养儿童了解祖国文化，亲身感受祖国的关爱，加深对祖国的情感；有利于增进收养家庭对中国的了解，使收养家庭成为未来民问友好外交的重要力量。组织好、规范好寻根回访接待工作，对于被收养儿童的健康成长、增进我国与收养国之间的友谊、促进我国涉外收养工作的健康开展，都具有十分重要的意义。因此，必须充分认识寻根回访接待工作的重要意义，以高度的责任感做好这项工作。

二、注重寻根回访接待工作的实效

（一）自愿参加，内外有别

寻根回访活动要坚持收养家庭自愿报名参加的原则，结合收养家庭的需求，安排活动项目和内容。寻根回访接待工作是一项政治性、政策性较强的工作，要严格遵守外事纪律，做到内外有别。防止接待工作出现疏漏，产生负面影响和偏差。

（二）精心组织，注重实效

要根据实际，制定接待工作实施方案，精心组织，抓好落实，注重实效。接待工作要体现爱心，渗透亲情，真正实现寻根回访的效果，使寻根回访接待工作成为树立国家和政府良好形象的窗口，成为联系被收养儿童和祖国的纽带，成为增进我国和收养国友谊的桥梁。

（三）主题突出，特色鲜明

寻根回访活动不同于一般的观光，其接待工作也不同于一般的旅游接待，重点是使被收养儿童认识自我，了解祖国和祖国的文化，帮助他们解决成长中的问题。因此，接待工作要突出主题，服务于主题，活动设计要充分考虑孩子成长的特点，体现专业性。同时，接待工作也要形式多样，特色鲜明。结合寻根回访的特点，各地可以根据自身优势和民风民情安排内容丰富、形式新颖的活动，使被收养儿童和收养家庭完成寻根夙愿的同时．更多地了解中国，丰富寻根回访活动的内涵。

三、加强对寻根回访接待工作的组织领导

（一）寻根回访接待工作在民政部的领导下，在中国收养中心的指导和支持下，由爱之桥服务社负责协调、组织实施。爱之桥服务社要把做好寻根回访接待工作作为重点工作来抓，认真制定接待工作实施方案．规范接待工作程序，加强与各地的联系和协作，切实做好这项工作。

（二）省级人民政府民政部门收养登记机关和省级人民政府民政部门收养服务中心要在接待工作中发挥承上启下的作用，与爱之桥服务社密切合作，加强工作指导，协调有关部门，落实接待工作实施方案。

（三）福利院既要热情友好地做好接待工作，又要严格遵守外事纪律。寻根回访活动中，要求参观福利院和查阅档案的，须经省级人民政府民政部门批准。未经批准，不得进行接待。各级民政部门要高度重视寻根回访接待工作，加强指导和协调，相互配合，共同努力，在寻根回访接待工作中发挥主导作用，确保这项工作健康有序地进展。

关于外国收养人和被收养儿童来华
寻根回访接待工作的意见

民福事字〔2006〕52号

北京市、山西省、江苏省、浙江省、安徽省、福建省、江西省、湖北省、湖南省、广东省、广西壮族自治区、重庆市、四川省、贵州省、云南省、陕西省、甘肃省民政厅（局）：

为贯彻落实《民政部办公厅关于做好外国收养人和被收养儿童来华寻根回访接待工作的通知》（民办函〔2006〕61号）精神，促进寻根回访接待工作健康有序地开展，现就进一步规范寻根回访接待工作提出如下意见：

一、寻根回访接待工作的指导思想

寻根回访接待工作不同于一般的旅游接待，应当遵循"一切为了孩子"的原则，坚持以人为本，体现关爱，渗透亲情，通过开展人性化、专业化和特色化的服务，帮助被收养儿童正确对待被收养经历、了解祖国文化、亲身感受祖国关爱，加深他们对祖国的认同和热爱，促进其幸福健康成长。

二、寻根回访接待工作的程序

（一）报名

寻根回访活动采取收养家庭自愿报名的方式，拟自愿参加寻根回访活动的收养家庭，直接向爱之桥服务社报名，也可通过外国收养组织或其他机构向爱之桥服务社报名。收养家庭报名时须如实填写《收养家庭寻根回访报名表》。报名表可从爱之桥服务社网站下载，或直接向爱之桥服务社索取。报名表应于来华回访前3个月以电子邮件、传真、邮寄等方式递交到爱之桥服务社。

（二）组团

爱之桥服务社核实报名家庭的有关情况后，统筹安排，分省组团。同时将组团情况告省级民政部门。

（三）审批

省级民政部门根据爱之桥服务社提供的组团情况对收养家庭参观回访福利机构进行审批，将审批意见于收养家庭来华回访前2个月书面告知爱之桥服务社。同时，通知相关福利机构做好接待准备。省级民政部门根据工作需要和具体情况规定福利机构固定的接待日，非开放接待日原则上不得接待寻根回访家庭。

（四）反馈

爱之桥服务社接到省级民政部门的审批意见后，及时将意见反馈给收养家庭、与其合作的收养组织或其他机构，确认有关回访事宜。

（五）接待

爱之桥服务社负责寻根回访接待工作方案的组织实施和督促落实，具体接待由中福国际旅行社或其他机构承办。省级民政部门负责协调与当地有关部门的关系，指导福利机构做好接待工作。省级民政部门具备接待能力的，爱之桥服务社与其共同负责组织接待工作；不具备接待能力的，爱之桥服务社可全程负责组织接待工作。

三、寻根回访接待工作的内容

寻根回访活动要主题突出、内容丰富、形式多样，应当结合儿童成长和接受事物的特点，科学设计活动项目，合理安排活动内容。寻根回访活动主要包括在北京的活动、在收养地的活动及其他景点游览活动等三个组成部分。在北京，安排收养家庭参观中国收养中心、查阅收养档案、参加爱之桥服务社举办的文化讲座和家庭聚会等。还可以组织收养家庭参观名胜古迹，感受富有中国特色的文化艺术。在各地，组织收养家庭参观收养登记机关或省收养中心、回访福利院、与保育员座谈、联谊等。还可以开展既有寻根意义，又有当地特色的活动。此外，可根据收养家庭的要求，组团游览其他景点，使收养家庭更多地了解中国的历史文化和风土人情。

四、寻根回访接待工作的要求

（一）围绕主题，办出特色

寻根回访的出发点在于寻"根"，落脚点在于使被收养儿童认识自我，了解和认同祖国文化，正确对待被收养的经历，身心健康地成长。寻根回访接待工作要把被收养儿童了解、学习、体验中国文化作为主线贯穿活动的全过程，要不断丰富活动的内容，创新活动形式，防止内容单调、形式单一、来去匆匆，达不到寻根回访的效果。

（二）优质服务，合理收费

寻根回访接待工作是一项体现人间真情的工作，要为收养家庭提供周到细致的服务，使被收养家庭亲身感受中国人民的热情友好，理解我国的儿童福利事业，增进收养家庭与我国的友谊。寻根回访接待实行有偿服务，更要注重社会效益。各地应当根据收养家庭需要和被收养儿童成长特点科学地安排接待活动，坚决杜绝巧立名目乱收费、高收费、强制服务、索取捐赠等行为。

（三）严格纪律，维护形象

寻根回访接待工作要做到内外有别，严格遵守外事纪律，坚持以我为主，指派经过培训的接待人员，依据收养法律法规和有关政策认真解答收养家庭提出的疑问，防止产生负面影响。

（四）搞好培训，提高素质

做好寻根回访接待工作要有适应工作需要的接待人员。接待人员的工作不仅关系到被收养儿童能否正确理解和接受被收养经历，顺利实现心理过渡，还关系到我国涉外收养工作的形象。爱之桥服务社要安排专门人员做好寻根回访接待工作。要加强对各地接待人员的培训，不断提高接待人员素质，树立良好的窗口形象。

附件：1. 收养家庭寻根回访报名表（略）
2. 收养家庭寻根回访组团情况及审批意见表（略）

民政部社会福利和社会事务司
二〇〇六年十月十八日

收养法案例分析

案例一：

2006年1月26日晚，16岁的王某驾驶一辆两轮摩托车搭载两个小孩在大埔县茶阳镇某村村道上行驶。由于车速过快，摩托车高速撞向了正在散步的行人张某，50岁的张某当场死亡。警方查明，王某无证驾套牌车且超载，应负事故的主要责任。

在赔偿问题上，张某的叔父张军因与王某的父母产生纠纷而起诉到大埔县人民法院。王某的父母亲认为张军以叔父的身份无权起诉，张某自己的母亲仍然健在，为什么张某的母亲不来起诉，凭什么要他来起诉？法院调查后发现，死者张某没有配偶、子女，3岁时父亲死亡，母亲改嫁，经其母亲同意张某跟随叔父即原告张军生活。张军把他当儿子抚养直到他独立生活。张某还作为张军的同一家庭成员进行了户籍登记，当地村委会也出具证明证实张某与张军长期共同生活的事实。张某因交通事故身亡后，他的叔父就有权成为该人身损害关系中的权利主体而获得赔偿。由于当事人接到判决书后表示服判不上诉，判决现已生效。

相关法律根据《最高人民法院关于审理人身损害赔偿案件适用法律若干问题的解释》第一条的规定，因道路交通事故死亡所产生的人身损害赔偿关系中其权利主体是近亲属即死者的配偶、子女、父母或者是依靠死者生前扶养的、没有其他生活来源的人。

对于事实收养关系，国家在承认其成立也是有条件的：第一、双方以父母子女相待；第二、有抚养和长期共同生活的事实；第三、有档案记载；第四、有群众、亲友公认或有关组织证明。

案例二：

吴某、王某系夫妇，1999年8月29日，二人从草场街派出所领养了一名被遗弃的女婴，取名王某宁。同年9月8日他们为王某宁申办了"蓝印户口"。不久，吴、王二人分别在太保和寿保为王某宁购买了10份"少儿乐"两全a款保险、5份"长顺安全"a款保险、20份"长泰安康"b款以及1份"国寿独生子女两全"保险。根据这些保险合同的约定，如果被保险人王某宁出险，受益人共可获得保险金35万元。同年10月10日吴某等人带王某宁在南湖公园游玩时，王某宁不幸从游船上落水，经抢救无效于次日身亡。王某宁落水时吴某不在船上。事后，吴、王二人依据保险合同向两家保险公司提出理赔要求，被保险公司拒赔。二人便分别将保险公司诉至法院，要求被告履行理赔义务。

法院审理后认为，吴、王二人虽然养育王某宁近两个月，也为王某宁办理了"蓝印户口"，但由于王某收养王某宁时不满30岁，不符合我国《收养法》关于夫妻双方收养孩子必须达到30周岁的法定条件，且二人未在民政部门办理合法的收养手续，所以他们收养王某宁的行为从程序和事实上均违犯了我国法律的规定，收养关系无效。吴、王没有基于法定程序取得王某宁父母的合法身份，不能成为保险合同受益人，他们与保险公司订立合同自始无效，其诉讼请求不予支持。两家保险公司在履行核保义务时，未按规定查验出生证和收养证，主观上疏忽了核保责任，应对引起保险合同无效承担主要过错责任，因此法院判决太保退还吴某保险费 5290 元，寿保退还王某保险费 200元。诉讼费由双方按比例承担。

收养是根据法定的条件和程序领养他人子女为自己子女的民事法律行为。收养行为是一种设定和变更民事权利、义务的重要法律行为，它涉及到未成年人的抚养教育、对老年人的赡养扶助以及财产继承等一系列民事法律关系。收养这种法律行为的目的在于使没有父母子女关系的人们之间产生拟制的法律上的父母子女关系。收养行为一旦发生法律效力，便产生了两个方面的法律效果：一是在收养人和被收养人之间产生法定的父母子女关系，二是被收养人及其生父母之间的父母子女关系以及基于此的其他亲属关系同时消灭。由于收养法律行为可以导致当事人人身关系和民事权利义务的变化，所以法律对于收养行为一般均规定比较严格的条件，其中包括对收养人的条件的规定，对被收养人的条件的规定以及对于被送养人的送养人条件的规定等。符合这些条件的当事人在自愿、平等、协商的基础上，达成收养协议，并且按照法律规定的程序到主管机关进行收养登记后，收养关系便产生法律效力。我国《收养法》第十五条规定：收养应当向县级以上人民政府民政部门登记。收养关系自登记之日起成立。收养查找不到生父母的弃婴和儿童的，办理登记的民政部门应当在登记前予以公告。《收养法》第二十五条规定：违反《中华人民共和国民法通则》第五十五条和本法规定的收养行为无法律效力。收养行为被人民法院确认无效的，从行为开始时起就没有法律效力。从上面所介绍的案情来看，收养人既不符合法定的收养条件，又没有履行法定的收养登记程序。因此，法院确认收养无效是正确的。

案例三：

原告：周某，女，42岁，干部；被告 赵某，男，48岁，工人、赵某湘，女，43岁，工人。

两被告系同胞兄妹，原告系两被告的表妹，即原告之父是被告之母的弟弟。解放前，两被告之父是某市工商业者，生活比较富裕，其母考虑到自己的弟弟在农村，子女多，生活比较困难，就经常在经济上接济弟弟，还把侄女周某接到城市居住，与自己一起生活，并送周上学读书，直至解放后参加工作。1972年，两被告的父母相继去世。1981年，国家落实政策，被告家里发还被抄财物和银行存款 80000 余元。周某得悉此事后，就以自己是被继承人的养女为由，要求与两被告共同继承遗产。赵某、赵某湘不同意，于是发生遗产继承纠纷，周某以原告身份起诉到法院。

法院经审理查明：原告周某自参加工作后，虽然不在赵家居住，但经常来看望，并照料被继承人的生活。"文革"期间，被继承人受冲击，周某仍一如既往，并未以"划清界限"为由断绝往来。但是，周某始终保持着与农村父母的关系，与被继承人仍以姑父、姑母相称，从未办理任何收养手续。据此，法院认为，原告所诉无理，判决驳回其诉讼请求。

在审判实践中，寄养与收养比较难以区别，尤其是寄养与事实收养极为相似。但是，二者是可以区别开来的，他们的要本不同点在于：收养是收养人按照一定的条件和程序，将他人的子女收养作为自己的子女，使原来没有父母子女关系的人之间，产生法律拟制的父母子女关系。而寄养则是指父母由于某种原因不能或不便直接抚养孩子，将孩子寄托在他人家中，委托他人代为照管扶养，被寄养人的生父母、寄养人以及被寄养人之间并无收养的合意。虽然，寄养人与被寄养人之间可能有着较长的共同生活关系，但是，被寄养人的父母与寄养人之间，只是一种委托关系。因此，无论寄养时间多长，都不引起父母子女关系的变化，被寄养人的父母随时可以解除委托关系，领回自己的子女。在司法实践中，区分收养和寄养关系，就注意抓住以下几点：第一，有无建立收养关系的手续；第二，是否存在事实收养，即相互间是否都公开承认养父母子女关系，孩子与生父母之间的称谓、关系有无变化，养子女与生父母在事实上是否已终止了权利义务关系，是否以子女的身份继承了生父母的遗产；第三；在户籍登记、有关当事人的个人档案登记中，身份关系有无变化。经调查研究，把这些情况弄清，一般是能够确定当事人之间究竟是收养关系还是寄养关系。

法院认定本案原告与被继承人之间是寄养关系，从而判定原告没有遗产继承权，这是正确的。但是应当提出，原告对被继承人生前有过一定的照顾，法院应依照继承法第十四条的规定，根据具体情况分给其适当的遗产。

案例四：

郑某与谢某原系夫妻，于 1991 年 3 月 16 日经秦皇岛市海港区民政局登记协议离婚，婚生男孩郑某智（时年 3 岁）由谢某抚养，郑某每月负担孩子抚养费 30 元。1992 年 3 月，经朋友介绍，谢某背着郑某，将郑某智送给谢某伟、李某夫妇收养，并与收养人签订了送、收养协议（未经公证）。3 个多月后，郑某得知此事，于 1992 年 7 月 8 日，以谢某不尽抚养义务，擅自将郑某智送给他人抚养为理由，向北京市海淀区人民法院起诉，要求变更子女抚养关系，将郑某智判归自己抚养。谢某不同意郑某的请求，并表示要将郑某智领回自己抚养，但未履行许诺。

海淀区人民法院经审理认为：谢某未经郑某同意，将孩子送他人收养，违反《收养法》第十条"生父母送养子女，须双方共同送养"的规定，送收养关系无效。考虑到谢某未能尽到抚养、教育孩子的责任，由其继续抚养，对孩子健康成长无益，故对郑某的请求应予支持。于 1992 年 7 月 31 日判决：

郑某与谢某婚生男孩郑某智由郑某抚养（判决生效后十日内由谢某将孩子交郑某）。谢某自 1992 年 8 月起每月负担孩子抚养费 50 元。

判决后，双方均未上诉。判决发生法律效力后，郑某向受诉法院申请执行。因郑某智仍在收养人谢某伟、李某家生活，谢某与谢某伟、李某之间对送收养关系问题未能妥善解决，收养人拒绝交还郑某智，致使执行工作未能进行。

1992 年 12 月 8 日，原审法院依照审判监督程序，对本案提起再审。再审时，将郑某智的收养人谢某伟、李某列为第三人参加诉讼。

再审中，郑某坚持主张变更郑某智由自己抚养。谢某辩称，将郑某智送他人收养，对其成长有利；如解除收养关系，所需费用郑某应负担一半。谢某伟、李某称：郑某智是其母谢某自愿送与我们收养的，我们对孩子很好，彼此间已建立起感情，不同意解除收养关系；如解除收养关系，要求补偿孩子生活费

9000 元。

原审法院经再审确认：收养关系无效。对此，谢某应负主要责任。谢某伟、李某应将孩子交还，以前对孩子的抚养，应给予合理的经济补偿。为有利于孩子的健康成长，郑某智由郑某抚养为宜。于 1993 年 4 月 8 日作出再审判决：

一、撤销原一审判决；

二、谢某与谢某伟、李某之间子女送收养关系无效，本判决生效后七日内，谢某伟、李某将郑某智送交郑某；

三、郑某智由郑某抚养，谢某自 1993 年 3 月起，每月负担孩子抚养费 50 元，至郑某智独立生活止；

四、谢某给付谢某伟、李某子女抚养费 3600 元。

谢某不服，提出上诉。二审法院经审理，认为一审再审判决正确，于 1993 年 7 月 19 日判决：驳回上诉，维持原判。

妇女权益与继承类法律法规学习读本

妇女权益法律法规

叶浦芳　主编

加大全民普法力度，建设社会主义法治文化，树立宪法法律至上、法律面前人人平等的法治理念。

——中国共产党第十九次全国代表大会《决胜全面建成小康社会　夺取新时代中国特色社会主义伟大胜利》

汕头大学出版社

图书在版编目（CIP）数据

妇女权益法律法规／叶浦芳主编．-- 汕头：汕头
大学出版社（2021．7重印）
（妇女权益与继承类法律法规学习读本）
ISBN 978-7-5658-3331-1

Ⅰ．①妇… Ⅱ．①叶… Ⅲ．①妇女权益保障法–中国
–学习参考资料 Ⅳ．①D923.84

中国版本图书馆 CIP 数据核字（2018）第 000707 号

妇女权益法律法规　　　　FUNÜ QUANYI FALÜ FAGUI

主　　编：叶浦芳
责任编辑：汪艳蕾
责任技编：黄东生
封面设计：大华文苑
出版发行：汕头大学出版社
　　　　　广东省汕头市大学路 243 号汕头大学校园内　邮政编码：515063
电　　话：0754-82904613
印　　刷：三河市南阳印刷有限公司
开　　本：690mm×960mm 1/16
印　　张：18
字　　数：226 千字
版　　次：2018 年 1 月第 1 版
印　　次：2021 年 7 月第 2 次印刷
定　　价：59.60 元（全 2 册）
ISBN 978-7-5658-3331-1

前　言

习近平总书记指出："推进全民守法，必须着力增强全民法治观念。要坚持把全民普法和守法作为依法治国的长期基础性工作，采取有力措施加强法制宣传教育。要坚持法治教育从娃娃抓起，把法治教育纳入国民教育体系和精神文明创建内容，由易到难、循序渐进不断增强青少年的规则意识。要健全公民和组织守法信用记录，完善守法诚信褒奖机制和违法失信行为惩戒机制，形成守法光荣、违法可耻的社会氛围，使遵法守法成为全体人民共同追求和自觉行动。"

中共中央、国务院曾经转发了中央宣传部、司法部关于在公民中开展法治宣传教育的规划，并发出通知，要求各地区各部门结合实际认真贯彻执行。通知指出，全民普法和守法是依法治国的长期基础性工作。深入开展法治宣传教育，是全面建成小康社会和新农村的重要保障。

普法规划指出：各地区各部门要根据实际需要，从不同群体的特点出发，因地制宜开展有特色的法治宣传教育坚持集中法治宣传教育与经常性法治宣传教育相结合，深化法律进机关、进乡村、进社区、进学校、进企业、进单位的"法律六进"主题活动，完善工作标准，建立长效机制。

特别是农业、农村和农民问题，始终是关系党和人民事业发展的全局性和根本性问题。党中央、国务院发布的《关于推进社会主义新农村建设的若干意见》中明确提出要"加强农村法制建设，深入开展农村普法教育，增强农民的法制观念，提高农民依法行使权利和履行义务的自觉性。"多年普法实践证明，普及法律知识，提高法制观念，增强全社会依法办事意识具有重要作用。特别是在广大农村进行普法教育，是提高全民法律素质的需要。

多年来，我国在农村实行的改革开放取得了极大成功，农村发生了翻天覆地的变化，广大农民生活水平大大得到了提高。但是，由于历史和社会等原因，现阶段我国一些地区农民文化素质还不高，不学法、不懂法、不守法现象虽然较原来有所改变，但仍有相当一部分群众的法制观念仍很淡化，不懂、不愿借助法律来保护自身权益，这就极易受到不法的侵害，或极易进行违法犯罪活动，严重阻碍了全面建成小康社会和新农村步伐。

为此，根据党和政府的指示精神以及普法规划，特别是根据广大农村农民的现状，在有关部门和专家的指导下，特别编辑了这套《全国普法学习读本》。主要包括了广大人民群众应知应懂、实际实用的法律法规。为了辅导学习，附录还收入了相应法律法规的条例准则、实施细则、解读解答、案例分析等；同时为了突出法律法规的实际实用特点，兼顾地方性和特殊性，附录还收入了部分某些地方性法律法规以及非法律法规的政策文件、管理制度、应用表格等内容，拓展了本书的知识范围，使法律法规更"接地气"，便于读者学习掌握和实际应用。

在众多法律法规中，我们通过甄别，淘汰了废止的，精选了最新的、权威的和全面的。但有部分法律法规有些条款不适应当下情况了，却没有颁布新的，我们又不能擅自改动，只得保留原有条款，但附录却有相应的补充修改意见或通知等。众多法律法规根据不同内容和受众特点，经过归类组合，优化配套。整套普法读本非常全面系统，具有很强的学习性、实用性和指导性，非常适合用于广大农村和城乡普法学习教育与实践指导。总之，是全国全民普法的良好读本。

目　录

中华人民共和国妇女权益保障法

女职工劳动保护特别规定

全国妇女联合会法律法规

中华人民共和国妇女权益保障法

中华人民共和国主席令

第四十号

《全国人民代表大会常务委员会关于修改〈中华人民共和国妇女权益保障法〉的决定》已由中华人民共和国第十届全国人民代表大会常务委员会第十七次会议于2005年8月28日通过，现予公布，自2005年12月1日起施行。

中华人民共和国主席　胡锦涛

2005 年 8 月 28 日

（1992年4月3日第七届全国人民代表大会第五次会议通过；根据2005年8月28日第十届全国人民代表大会常务委员会第十七次会议《关于修改〈中华人民共和国妇女权益保障法〉的决定》修正）

第一章 总 则

第一条 为了保障妇女的合法权益，促进男女平等，充分发挥妇女在社会主义现代化建设中的作用，根据宪法和我国的实际情况，制定本法。

第二条 妇女在政治的、经济的、文化的、社会的和家庭的生活等各方面享有同男子平等的权利。

实行男女平等是国家的基本国策。国家采取必要措施，逐步完善保障妇女权益的各项制度，消除对妇女一切形式的歧视。

国家保护妇女依法享有的特殊权益。

禁止歧视、虐待、遗弃、残害妇女。

第三条 国务院制定中国妇女发展纲要，并将其纳入国民经济和社会发展规划。

县级以上地方各级人民政府根据中国妇女发展纲要，制定本行政区域的妇女发展规划，并将其纳入国民经济和社会发展计划。

第四条 保障妇女的合法权益是全社会的共同责任。国家机关、社会团体、企业事业单位、城乡基层群众性自治组织，应当依照本法和有关法律的规定，保障妇女的权益。

国家采取有效措施，为妇女依法行使权利提供必要的条件。

第五条 国家鼓励妇女自尊、自信、自立、自强，运用法律维护自身合法权益。

妇女应当遵守国家法律，尊重社会公德，履行法律所规定的义务。

第六条　各级人民政府应当重视和加强妇女权益的保障工作。

县级以上人民政府负责妇女儿童工作的机构，负责组织、协调、指导、督促有关部门做好妇女权益的保障工作。

县级以上人民政府有关部门在各自的职责范围内做好妇女权益的保障工作。

第七条　中华全国妇女联合会和地方各级妇女联合会依照法律和中华全国妇女联合会章程，代表和维护各族各界妇女的利益，做好维护妇女权益的工作。

工会、共产主义青年团，应当在各自的工作范围内，做好维护妇女权益的工作。

第八条　对保障妇女合法权益成绩显著的组织和个人，各级人民政府和有关部门给予表彰和奖励。

第二章　政治权利

第九条　国家保障妇女享有与男子平等的政治权利。

第十条　妇女有权通过各种途径和形式，管理国家事务，管理经济和文化事业，管理社会事务。

制定法律、法规、规章和公共政策，对涉及妇女权益的重大问题，应当听取妇女联合会的意见。

妇女和妇女组织有权向各级国家机关提出妇女权益保障方面的意见和建议。

第十一条　妇女享有与男子平等的选举权和被选举权。

全国人民代表大会和地方各级人民代表大会的代表中，应当有适当数量的妇女代表。国家采取措施，逐步提高全国人民代表大会和地方各级人民代表大会的妇女代表的比例。

居民委员会、村民委员会成员中，妇女应当有适当的名额。

第十二条 国家积极培养和选拔女干部。

国家机关、社会团体、企业事业单位培养、选拔和任用干部，必须坚持男女平等的原则，并有适当数量的妇女担任领导成员。

国家重视培养和选拔少数民族女干部。

第十三条 中华全国妇女联合会和地方各级妇女联合会代表妇女积极参与国家和社会事务的民主决策、民主管理和民主监督。

各级妇女联合会及其团体会员，可以向国家机关、社会团体、企业事业单位推荐女干部。

第十四条 对于有关保障妇女权益的批评或者合理建议，有关部门应当听取和采纳；对于有关侵害妇女权益的申诉、控告和检举，有关部门必须查清事实，负责处理，任何组织或者个人不得压制或者打击报复。

第三章 文化教育权益

第十五条 国家保障妇女享有与男子平等的文化教育权利。

第十六条 学校和有关部门应当执行国家有关规定，保障妇女在入学、升学、毕业分配、授予学位、派出留学等方面享有与男子平等的权利。

学校在录取学生时，除特殊专业外，不得以性别为由拒绝录取女性或者提高对女性的录取标准。

第十七条 学校应当根据女性青少年的特点，在教育、管理、设施等方面采取措施，保障女性青少年身心健康发展。

第十八条 父母或者其他监护人必须履行保障适龄女性儿童少年接受义务教育的义务。

除因疾病或者其他特殊情况经当地人民政府批准的以外，对不送适龄女性儿童少年入学的父母或者其他监护人，由当地人民政府予以批评教育，并采取有效措施，责令送适龄女性儿童少年入学。

政府、社会、学校应当采取有效措施，解决适龄女性儿童少年就学存在的实际困难，并创造条件，保证贫困、残疾和流动人口中的适龄女性儿童少年完成义务教育。

第十九条 各级人民政府应当依照规定把扫除妇女中的文盲、半文盲工作，纳入扫盲和扫盲后继续教育规划，采取符合妇女特点的组织形式和工作方法，组织、监督有关部门具体实施。

第二十条 各级人民政府和有关部门应当采取措施，根据城镇和农村妇女的需要，组织妇女接受职业教育和实用技术培训。

第二十一条 国家机关、社会团体和企业事业单位应当执行国家有关规定，保障妇女从事科学、技术、文学、艺术和其他文化活动，享有与男子平等的权利。

第四章 劳动和社会保障权益

第二十二条 国家保障妇女享有与男子平等的劳动权利和社会保障权利。

第二十三条 各单位在录用职工时，除不适合妇女的工种或者岗位外，不得以性别为由拒绝录用妇女或者提高对妇女的录用标准。

各单位在录用女职工时，应当依法与其签订劳动（聘用）合同或者服务协议，劳动（聘用）合同或者服务协议中不得规定限制女职工结婚、生育的内容。

禁止录用未满十六周岁的女性未成年人，国家另有规定的除外。

第二十四条　实行男女同工同酬。妇女在享受福利待遇方面享有与男子平等的权利。

第二十五条　在晋职、晋级、评定专业技术职务等方面，应当坚持男女平等的原则，不得歧视妇女。

第二十六条　任何单位均应根据妇女的特点，依法保护妇女在工作和劳动时的安全和健康，不得安排不适合妇女从事的工作和劳动。

妇女在经期、孕期、产期、哺乳期受特殊保护。

第二十七条　任何单位不得因结婚、怀孕、产假、哺乳等情形，降低女职工的工资，辞退女职工，单方解除劳动（聘用）合同或者服务协议。但是，女职工要求终止劳动（聘用）合同或者服务协议的除外。

各单位在执行国家退休制度时，不得以性别为由歧视妇女。

第二十八条　国家发展社会保险、社会救助、社会福利和医疗卫生事业，保障妇女享有社会保险、社会救助、社会福利和卫生保健等权益。

国家提倡和鼓励为帮助妇女开展的社会公益活动。

第二十九条　国家推行生育保险制度，建立健全与生育相关的其他保障制度。

地方各级人民政府和有关部门应当按照有关规定为贫困妇女提供必要的生育救助。

第五章　财产权益

第三十条　国家保障妇女享有与男子平等的财产权利。

第三十一条　在婚姻、家庭共有财产关系中，不得侵害妇女依法享有的权益。

第三十二条　妇女在农村土地承包经营、集体经济组织收益分配、土地征收或者征用补偿费使用以及宅基地使用等方面，享有与男子平等的权利。

第三十三条　任何组织和个人不得以妇女未婚、结婚、离婚、丧偶等为由，侵害妇女在农村集体经济组织中的各项权益。

因结婚男方到女方住所落户的，男方和子女享有与所在地农村集体经济组织成员平等的权益。

第三十四条　妇女享有的与男子平等的财产继承权受法律保护。在同一顺序法定继承人中，不得歧视妇女。

丧偶妇女有权处分继承的财产，任何人不得干涉。

第三十五条　丧偶妇女对公、婆尽了主要赡养义务的，作为公、婆的第一顺序法定继承人，其继承权不受子女代位继承的影响。

第六章　人身权利

第三十六条　国家保障妇女享有与男子平等的人身权利。

第三十七条 妇女的人身自由不受侵犯。禁止非法拘禁和以其他非法手段剥夺或者限制妇女的人身自由；禁止非法搜查妇女的身体。

第三十八条 妇女的生命健康权不受侵犯。禁止溺、弃、残害女婴；禁止歧视、虐待生育女婴的妇女和不育的妇女；禁止用迷信、暴力等手段残害妇女；禁止虐待、遗弃病、残妇女和老年妇女。

第三十九条 禁止拐卖、绑架妇女；禁止收买被拐卖、绑架的妇女；禁止阻碍解救被拐卖、绑架的妇女。

各级人民政府和公安、民政、劳动和社会保障、卫生等部门按照其职责及时采取措施解救被拐卖、绑架的妇女，做好善后工作，妇女联合会协助和配合做好有关工作。任何人不得歧视被拐卖、绑架的妇女。

第四十条 禁止对妇女实施性骚扰。受害妇女有权向单位和有关机关投诉。

第四十一条 禁止卖淫、嫖娼。

禁止组织、强迫、引诱、容留、介绍妇女卖淫或者对妇女进行猥亵活动。

禁止组织、强迫、引诱妇女进行淫秽表演活动。

第四十二条 妇女的名誉权、荣誉权、隐私权、肖像权等人格权受法律保护。

禁止用侮辱、诽谤等方式损害妇女的人格尊严。禁止通过大众传播媒介或者其他方式贬低损害妇女人格。未经本人同意，不得以营利为目的，通过广告、商标、展览橱窗、报纸、期刊、图书、音像制品、电子出版物、网络等形式使用妇女肖像。

第七章　婚姻家庭权益

第四十三条　国家保障妇女享有与男子平等的婚姻家庭权利。

第四十四条　国家保护妇女的婚姻自主权。禁止干涉妇女的结婚、离婚自由。

第四十五条　女方在怀孕期间、分娩后一年内或者终止妊娠后六个月内，男方不得提出离婚。女方提出离婚的，或者人民法院认为确有必要受理男方离婚请求的，不在此限。

第四十六条　禁止对妇女实施家庭暴力。

国家采取措施，预防和制止家庭暴力。

公安、民政、司法行政等部门以及城乡基层群众性自治组织、社会团体，应当在各自的职责范围内预防和制止家庭暴力，依法为受害妇女提供救助。

第四十七条　妇女对依照法律规定的夫妻共同财产享有与其配偶平等的占有、使用、收益和处分的权利，不受双方收入状况的影响。

夫妻书面约定婚姻关系存续期间所得的财产归各自所有，女方因抚育子女、照料老人、协助男方工作等承担较多义务的，有权在离婚时要求男方予以补偿。

第四十八条　夫妻共有的房屋，离婚时，分割住房由双方协议解决；协议不成的，由人民法院根据双方的具体情况，按照照顾子女和女方权益的原则判决。夫妻双方另有约定的除外。

夫妻共同租用的房屋，离婚时，女方的住房应当按照照顾子女和女方权益的原则解决。

第四十九条 父母双方对未成年子女享有平等的监护权。

父亲死亡、丧失行为能力或者有其他情形不能担任未成年子女的监护人的，母亲的监护权任何人不得干涉。

第五十条 离婚时，女方因实施绝育手术或者其他原因丧失生育能力的，处理子女抚养问题，应在有利子女权益的条件下，照顾女方的合理要求。

第五十一条 妇女有按照国家有关规定生育子女的权利，也有不生育的自由。

育龄夫妻双方按照国家有关规定计划生育，有关部门应当提供安全、有效的避孕药具和技术，保障实施节育手术的妇女的健康和安全。

国家实行婚前保健、孕产期保健制度，发展母婴保健事业。各级人民政府应当采取措施，保障妇女享有计划生育技术服务，提高妇女的生殖健康水平。

第八章　法律责任

第五十二条 妇女的合法权益受到侵害的，有权要求有关部门依法处理，或者依法向仲裁机构申请仲裁，或者向人民法院起诉。

对有经济困难需要法律援助或者司法救助的妇女，当地法律援助机构或者人民法院应当给予帮助，依法为其提供法律援助或者司法救助。

第五十三条 妇女的合法权益受到侵害的，可以向妇女组织投诉，妇女组织应当维护被侵害妇女的合法权益，有权要求并协助有关部门或者单位查处。有关部门或者单位应当依法查处，并予以答复。

第五十四条 妇女组织对于受害妇女进行诉讼需要帮助的，应当给予支持。

妇女联合会或者相关妇女组织对侵害特定妇女群体利益的行为，可以通过大众传播媒介揭露、批评，并有权要求有关部门依法查处。

第五十五条 违反本法规定，以妇女未婚、结婚、离婚、丧偶等为由，侵害妇女在农村集体经济组织中的各项权益的，或者因结婚男方到女方住所落户，侵害男方和子女享有与所在地农村集体经济组织成员平等权益的，由乡镇人民政府依法调解；受害人也可以依法向农村土地承包仲裁机构申请仲裁，或者向人民法院起诉，人民法院应当依法受理。

第五十六条 违反本法规定，侵害妇女的合法权益，其他法律、法规规定行政处罚的，从其规定；造成财产损失或者其他损害的，依法承担民事责任；构成犯罪的，依法追究刑事责任。

第五十七条 违反本法规定，对侵害妇女权益的申诉、控告、检举，推诿、拖延、压制不予查处，或者对提出申诉、控告、检举的人进行打击报复的，由其所在单位、主管部门或者上级机关责令改正，并依法对直接负责的主管人员和其他直接责任人员给予行政处分。

国家机关及其工作人员未依法履行职责，对侵害妇女权益的行为未及时制止或者未给予受害妇女必要帮助，造成严重后果的，由其所在单位或者上级机关依法对直接负责的主管人员和其他直接责任人员给予行政处分。

违反本法规定，侵害妇女文化教育权益、劳动和社会保障权益、人身和财产权益以及婚姻家庭权益的，由其所在单位、主管部门或者上级机关责令改正，直接负责的主管人员和其他直接责任人员属于国家工作人员的，由其所在单位或者上级机关依法给予行政处分。

第五十八条　违反本法规定，对妇女实施性骚扰或者家庭暴力，构成违反治安管理行为的，受害人可以提请公安机关对违法行为人依法给予行政处罚，也可以依法向人民法院提起民事诉讼。

第五十九条　违反本法规定，通过大众传播媒介或者其他方式贬低损害妇女人格的，由文化、广播电影电视、新闻出版或者其他有关部门依据各自的职权责令改正，并依法给予行政处罚。

第九章　附　则

第六十条　省、自治区、直辖市人民代表大会常务委员会可以根据本法制定实施办法。

民族自治地方的人民代表大会，可以依据本法规定的原则，结合当地民族妇女的具体情况，制定变通的或者补充的规定。自治区的规定，报全国人民代表大会常务委员会批准后生效；自治州、自治县的规定，报省、自治区、直辖市人民代表大会常务委员会批准后生效，并报全国人民代表大会常务委员会备案。

第六十一条　本法自 1992 年 10 月 1 日起施行。

附　录

关于切实做好《中华人民共和国妇女权益保障法》宣传贯彻工作的意见

妇字〔2005〕27号

各省、自治区、直辖市妇联，新疆生产建设兵团妇联：

2005 年 8 月 28 日，十届全国人大常委会第十七次会议表决通过了《关于修改〈中华人民共和国妇女权益保障法〉的决定》，该决定将于 2005 年 12 月 1 日起施行。这对于进一步完善我国保障妇女权益的法律体系，促进男女平等，充分发挥妇女在全面建设小康社会、构建社会主义和谐社会中的积极性、创造性，必将起到积极的推动作用，具有十分重要的意义。

各级妇联组织要站在构建社会主义和谐社会、推进国家民主法治进程的高度，充分认识妇女权益保障法修改的重要性，切实增强做好妇女权益保障法宣传贯彻工作的使命感和责任感。要认真学习把握妇女权益保障法修改的主要内容，大力开展普及宣传活动，推动相关法律法规和规范性文件的制定、出台，加强对妇女权益保障法执行情况的社会监督，切实做好宣传贯彻工作，更好地维护广大妇女的合法权益。

一、认真学习，切实增强妇联组织依法履行职责的能力

修改后的妇女权益保障法对总则，政治、文化教育、劳动和社会保障、财产、人身、婚姻家庭等六大权益领域以及法律责任进行了全面的补充完善，对妇联组织的职能和作用也进一步作出了规定。一方面为妇联组织更好地开展工作，履行职能提供了重要的法律依据，同时也对妇联工作提出了更高的要求。

各级妇联组织一定要认真学习把握，精心组织培训，确保广大妇联干部掌握妇女权益保障法的修订要旨和主要内容，增强依法履行职责的能力。一是要通过学习培训，全面掌握妇女权益保障法关于保护妇女权益的新规定，运用这些更为有力的法律武器，不断推进妇女事业实现新发展。二是要通过学习培训，进一步明确妇联组织的地位和作用，明确妇联组织在促进妇女发展、维护妇女权益等方面的具体权利和义务，增强法制观念，健全工作机制，提高依法开展工作的意识和水平，使妇联工作更加法制化、规范化。

二、大力宣传，努力优化妇女权益保障法实施的社会环境

各级妇联组织要大力开展妇女权益保障法的宣传教育活动，使广大妇女了解掌握妇女权益保障法的重点内容和自己的权利义务，使有关部门和社会各界明确各自在保障妇女权益工作中的职责，为妇女权益保障法的实施营造良好的社会环境。

为使宣传教育活动取得实效，一是要在大力宣传妇女权益保障法的同时，拓展宣传内容，注重宣传我国宪法"尊重和保障人权"以及男女平等原则的内容，配套宣传其它相关法律、法规、规章和国际公约的内容，使全社会对妇女权益保障法律体系的了解更加全面。二是要扩大宣传覆盖面，着眼全社会开展宣传活动，一方面进一步帮助广大妇女群众提高法律素质，

增强依法维权的意识和能力，另一方面进一步开展向政府及有关部门、司法机关、社会团体、企事业单位等责任主体的宣讲活动，推动形成全社会自觉遵守妇女权益保障法，国家机关依法决策、依法行政的良好氛围。三是要创新宣传形式，充分利用广播、电视、报刊、互联网等宣传媒体的优势，结合实际，采取群众喜闻乐见的形式，开展丰富多彩的宣传活动，使妇女权益保障法家喻户晓，人人皆知。2005 年 12 月 1 日，妇女权益保障法的修改决定将正式实施，全国妇联届时将在全国范围内开展妇女权益保障法大型宣传活动。各级妇联组织也要抓住这一有利时机，上下联动，共同推动妇女权益保障法的贯彻落实。

三、源头参与，积极推动配套法规制定出台

妇女权益保障法修改工作完成后，各级妇联组织的一项重要任务是要继续做好源头维权工作，积极参与立法，使相关法律与妇女权益保障法相衔接，使行政法规和地方性法规与妇女权益保障法相配套，促使妇女权益保障法律体系进一步完善。

一是要继续积极参与涉及妇女权益的其它法律法规的制定和修改，建言献策，使其与修改后的妇女权益保障法的原则、精神和内容相一致。二是要抓住机遇，尽早协调推动各省区市妇女权益保障法实施办法（细则）的修改。尚未推动妇女权益保障法实施办法（细则）修改纳入立法规划的地方妇联，要结合妇女权益保障法修改的重点，积极组织力量开展有针对性的调查研究，总结当地妇女权益保障工作的有益经验，针对存在的突出问题，及时提出立法建议。已经推动妇女权益保障法实施办法（细则）修改纳入地方立法规划的地方妇联，要积极配合地方人大做好修改工作，使当地妇女权益保障法实施办法（细则）与妇女权益保障法相配套，更好地维护妇女合法权益。

四、加强监督，不断推进妇女权益保障法的贯彻落实

修改后的妇女权益保障法，进一步明确了妇联组织代表妇女向各级国家机关提出建议，参与国家和社会事务的民主决策、民主管理和民主监督等权利，为妇联组织进一步做好妇女权益保障法执行情况的社会监督工作，提供了法律依据。各级妇联组织一定要依法履行职责，进一步畅通监督渠道，完善监督机制，加大监督力度，促进妇女权益保障法的各项规定真正落到实处。

一是要充分发挥妇联组织作为党联系妇女群众的桥梁纽带的作用，善于发现妇女权益保障法实施过程中出现的、涉及妇女权益的倾向性问题，并及时向各级党委、人大、政府和政协提出有针对性的对策和建议。二是要充分借助和推动人大执法检查和政协调研监督工作，密切联系各级人大代表、政协委员，完善建言献策机制，反映法律执行中的问题，表达妇女群众的呼声与诉求，监督妇女权益保障法各项规定的落实。三是要进一步完善有关制度，如妇联信访工作制度、维权发言人制度等，对侵害妇女权益的典型案件，要积极要求并协助有关部门或单位查处，充分利用新闻媒体的优势，抨击丑恶，倡扬正义，推动全社会都来关注妇女权益保障法的实施和妇女权益保障工作的开展。

附件：《中华人民共和国妇女权益保障法》宣传提纲（略）

全国妇联

2005 年 9 月 15 日

中国妇女发展纲要（2011—2020 年）

国务院关于印发

中国妇女发展纲要和中国儿童发展纲要的通知

国发〔2011〕24 号

各省、自治区、直辖市人民政府，国务院各部委、各
直属机构：

现将《中国妇女发展纲要（2011—2020 年）》和
《中国儿童发展纲要（2011—2020 年）》印发给你们，
请认真贯彻执行。

国务院

二〇一一年七月三十日

实行男女平等是国家的基本国策，男女平等的实现程度是
衡量社会文明进步的重要标志。妇女占全国人口的半数，是经
济社会发展的重要力量。在发展中维护妇女权益，在维权中促
进妇女发展，是实现妇女解放的内在动力和重要途径。保障妇
女权益、促进妇女发展、推动男女平等，对国家经济社会发展
和中华民族文明进步具有重要意义。

2001 年，国务院颁布了《中国妇女发展纲要（2001—2010
年）》（以下简称"纲要"），确定了妇女与经济、妇女参与决
策和管理、妇女与教育、妇女与健康、妇女与法律、妇女与环
境六个优先发展领域的主要目标和策略措施。十年来，国家将

妇女发展纳入国民经济和社会发展总体规划，不断完善保障妇女权益的法律体系，强化政府管理责任，加大经费投入，加强社会宣传动员，有力推动了"纲要"的实施。截至 2010 年，"纲要"确定的主要目标基本实现，我国在促进妇女发展和男女平等方面取得了重大进展。妇女享有社会保障的程度普遍提高，贫困妇女状况进一步改善；妇女参政水平不断提高，社会参与意识进一步增强；妇女受教育水平稳步提高，男女受教育差距进一步缩小；妇女健康水平明显提高，人均预期寿命进一步延长；保障妇女权益的立法、执法力度持续加大，妇女权益进一步得到保障；男女平等基本国策进一步深入人心，妇女发展的社会环境进一步改善。这十年是我国妇女发展的历史最好时期之一。

受社会主义初级阶段生产力发展水平和社会文明程度的制约与影响，妇女发展仍面临诸多问题与挑战。就业性别歧视仍未消除，妇女在资源占有和收入方面与男性存在一定差距；妇女参与决策和管理的水平仍然较低；妇女受教育程度与男性存在一定差距；妇女的健康需求有待进一步满足；妇女发展的社会环境有待进一步优化；妇女的社会保障水平有待进一步提高。各阶层妇女利益需求日益呈现多元化，城乡区域妇女发展不平衡仍未全面解决。

未来十年，经济全球化将深入发展，国际竞争会日趋激烈。国际社会在推动人类发展进程中，更加关注妇女发展和性别平等。从现在起到 2020 年，是我国全面建设小康社会的关键时期。经济社会快速发展，既为妇女发展提供了难得的机遇，也提出了新的挑战。促进妇女全面发展，实现男女平等任重道远。

依照《中华人民共和国宪法》的基本原则，根据《中华人民共和国妇女权益保障法》和有关法律规定，遵循联合国《消除对妇女一切形式歧视公约》、第四次世界妇女大会通过的北京宣言、行动纲领等国际公约和文件的宗旨，按照我国经济社会发展的总体目标和要求，结合我国妇女发展和男女平等的实际情况，制定本纲要。

一、指导思想和基本原则

（一）指导思想。

高举中国特色社会主义伟大旗帜，以邓小平理论和"三个代表"重要思想为指导，深入贯彻落实科学发展观，实行男女平等基本国策，保障妇女合法权益，优化妇女发展环境，提高妇女社会地位，推动妇女平等依法行使民主权利，平等参与经济社会发展，平等享有改革发展成果。

（二）基本原则。

1. 全面发展原则。从妇女生存发展的基本需求出发，着力解决关系妇女切身利益的现实问题，努力实现妇女在政治、经济、文化和社会等各方面的全面发展。

2. 平等发展原则。完善和落实促进男女平等的法规政策，更加注重社会公平，构建文明先进的性别文化，营造良好的社会环境，缩小男女社会地位差距，促进两性和谐发展。

3. 协调发展原则。加大对农村及贫困地区和民族地区妇女发展的支持力度，通过完善制度、增加投入、优化项目布局等措施，缩小城乡区域妇女在人均收入水平、生活质量、文化教育、医疗卫生服务、社会保障等方面的差距。

4. 妇女参与原则。依法保障妇女参与经济社会发展的权利，尊重妇女的主体地位，引导和支持妇女在推动社会主义经济建设、政治建设、文化建设、社会建设以及生态文明建设的实践中，实现自身的进步与发展。

二、总目标

将社会性别意识纳入法律体系和公共政策，促进妇女全面发展，促进两性和谐发展，促进妇女与经济社会同步发展。保障妇女平等享有基本医疗卫生服务，生命质量和健康水平明显提高；平等享有受教育的权利和机会，受教育程度持续提高；平等获得经济资源和参与经济发展，经济地位明显提升；平等参与国家和社会事务管理，参政水平不断提高；平等享有社会保障，社会福利水平显著提高；平等参与环境决策和管理，发展环境更为优化；保障妇女权益的法律体系更加完善，妇女的合法权益得到切实保护。

三、发展领域、主要目标和策略措施

（一）妇女与健康。

主要目标：

1. 妇女在整个生命周期享有良好的基本医疗卫生服务，妇女的人均预期寿命延长。

2. 孕产妇死亡率控制在 20/10 万以下。逐步缩小城乡区域差距，降低流动人口孕产妇死亡率。

3. 妇女常见病定期筛查率达到 80% 以上。提高宫颈癌和乳腺癌的早诊早治率，降低死亡率。

4. 妇女艾滋病感染率和性病感染率得到控制。

5. 降低孕产妇中重度贫血患病率。

6. 提高妇女心理健康知识和精神疾病预防知识知晓率。

7. 保障妇女享有避孕节育知情选择权，减少非意愿妊娠，降低人工流产率。

8. 提高妇女经常参加体育锻炼的人数比例。

策略措施：

1. 加大妇幼卫生工作力度。优化卫生资源配置，增加农村和边远地区妇幼卫生经费投入。加强各级妇幼保健机构建设，坚持妇幼保健机构的公益性质，健全妇幼卫生服务网络，完善基层妇幼卫生服务体系，为妇女提供均等化的保健服务。加快妇幼卫生人才培养，加强妇幼保健机构人员配备。加大执法监督力度，严肃查处危害妇女健康的非法行为。

2. 加强妇女健康相关科学技术研究。充分依靠科技进步，统筹和优化科技资源配置，组织跨部门、跨地区、跨学科协同攻关，加强对妇女健康主要影响因素及干预措施等的研究；鼓励自主创新，促进成果转化，推广促进妇女健康的新技术和适宜技术。

3. 提高妇女生殖健康服务水平。针对妇女生理特点，大力普及生殖健康知识，提高妇女自我保健意识和能力。提供规范的青春期、育龄期、孕产期、更年期和老年期妇女生殖保健服务，有针对性地解决妇女特殊生理时期的健康问题。

4. 保障孕产妇安全分娩。加强基层医疗保健机构产科建设和人员培训，提高产科服务质量和孕产妇卫生保健水平。孕产妇系统管理率达到85%以上，全国孕产妇住院分娩率达到98%以上，农村孕产妇住院分娩率达到96%以上。健全孕产妇医疗急救网络，推广适宜助产技术，加强孕产妇危重症救治。落实农村孕产妇住院分娩补助政策。为孕产妇提供必要的心理指导和健康教育，普及自然分娩知识，帮助其科学选择分娩方式，控制剖宫产率。

5. 加大妇女常见病防治力度。普及妇女常见病防治知识，建立妇女常见病定期筛查制度。加大专项资金投入，扩大宫颈癌、乳腺癌检查覆盖范围。加强基层妇幼卫生人员和计划生育服务提供者的卫生保健专业知识及服务能力培训。提高医疗保健机构宫颈癌、乳腺癌诊治能力，对贫困、重症患者治疗按规定给予补助。

6. 预防和控制艾滋病、性病传播。完善艾滋病和性病防治工作机制。针对妇女重点人群加强宣传教育，推广有效干预措施。强化对娱乐场所的监管，严厉打击吸毒、嫖娼等违法行为。将艾滋病、梅毒、乙肝等母婴传播阻断纳入妇幼保健日常工作，强化预防艾滋病母婴传播综合服务，孕产妇艾滋病和梅毒检测率分别达到80%和70%，感染艾滋病和梅毒的孕产妇及所生儿童采取预防母婴传播干预措施比例均达到90%以上。

7. 提高妇女营养水平。大力开展健康和营养知识的宣传普及和教育，提倡科学、合理的膳食结构和习惯。为孕前、孕产期和哺乳期妇女等重点人群提供有针对性的营养指导和干预。预防和治疗孕产妇贫血。加强对营养强化食品生产和流通的监管。

8. 保障妇女享有计划生育优质服务。研究推广安全、有效、适宜的避孕节育新技术和新方法，推行避孕节育知情选择，提供避孕节育优质服务。加大避孕知识宣传力度，提高妇女自我保护意识和选择科学合理避孕方式的能力，预防和控制非意愿妊娠和人工流产。强化男女共同承担避孕节育的责任意识，开发、研制男性避孕节育产品，动员男性采取节育措施，提高男性避孕方法使用比重。

9. 提高妇女精神卫生服务水平。建立覆盖城乡、功能完善的精神卫生防治和康复服务网络。针对妇女生理和心理特点，开展咨询和服务。加强精神卫生专业机构和医疗保健机构人员精神卫生知识培训。开展妇女产后抑郁症预防、早期发现及干预。

10. 加强流动妇女卫生保健服务。完善流动妇女管理机制和保障制度，逐步实现流动妇女享有与流入地妇女同等的卫生保健服务。加大对流动妇女卫生保健知识的宣传力度。

11. 引导和鼓励妇女参加经常性体育锻炼。加强对妇女体育健身活动的科学指导，提高妇女健身意识。积极发展城乡社区体育，鼓励妇女参与全民健身运动。加强对老年妇女、残疾妇女体育活动的指导和服务。

（二）妇女与教育。

主要目标：

1. 教育工作全面贯彻性别平等原则。

2. 学前三年毛入园率达到 70%，女童平等接受学前教育。

3. 九年义务教育巩固率达到 95%，女童平等接受九年义务教育，消除女童辍学现象。

4. 高中阶段教育毛入学率达到 90%，女性平等接受高中阶段教育。

5. 高等教育毛入学率达到 40%，女性平等接受高等教育，高等学校在校生中男女比例保持均衡。

6. 高等学校女性学课程普及程度提高。

7. 提高女性接受职业学校教育和职业培训的比例。

8. 主要劳动年龄人口中女性平均受教育年限达到 11.2 年。

9. 女性青壮年文盲率控制在 2%以下。

10. 性别平等原则和理念在各级各类教育课程标准及教学过

程中得到充分体现。

策略措施：

1. 在教育法规、政策和规划的制定、修订、执行和评估中，增加性别视角，落实性别平等原则。

2. 切实保障女童平等接受学前教育。资助贫困家庭女童和残疾女童接受普惠性学前教育。提高农村学前教育普及程度，多形式增加农村学前教育资源，着力保证留守女童入园。

3. 确保适龄女童平等接受义务教育。加大对教育法、义务教育法等法律法规的宣传力度，提高家长保障女童接受义务教育的守法意识和自觉性。

4. 保障女性平等接受高中阶段教育。加大对中西部贫困地区高中阶段教育的扶持力度，满足农村和贫困地区女生接受高中阶段教育的需求。对普通高中家庭经济困难女生和残疾女生给予资助，保障女生不因家庭经济困难和个人生活困难辍学。逐步实行中等职业教育免费，保障未升入高中的女童在就业前接受必要的职业教育。

5. 提高女性接受高等教育的水平。采取积极措施，保障女性平等接受高等教育，提高女性主要劳动年龄人口中受过高等教育的比例。多渠道、多形式为贫困和残疾女大学生提供资助。

6. 满足妇女接受职业教育的需求。坚持职业学校教育与职业培训并举，为妇女接受职业教育提供更多的机会和资源。扶持边远贫困地区妇女和残疾妇女接受职业教育。为失学大龄女童提供补偿教育，增加职业培训机会。组织失业妇女接受多种形式的职业培训，提高失业妇女创业和再就业能力。根据残疾妇女身心特点，合理设置残疾人职业教育专业。

7. 提高妇女终身教育水平。构建灵活开放的终身教育体系，为妇女提供多样化的终身教育机会和资源。鼓励妇女接受多形式的继续教育，支持用人单位为从业妇女提供继续教育的机会。提高妇女利用新型媒体接受现代远程教育的能力。

8. 促进妇女参与社区教育。整合、优化社区教育资源，发展多样化社区教育模式，丰富社区教育内容，满足妇女个性化的学习和发展需求。大力发展社区老年教育，为老年妇女提供方便、灵活的学习条件。

9. 继续扫除妇女文盲。创新和完善扫盲工作机制，制定出台相关优惠政策，加大扫除女性青壮年文盲工作力度。通过组织补偿学习，深化扫盲和扫盲后的继续教育，巩固发展扫盲成果。

10. 加大女性技术技能人才培养力度。完善科技人才政策，探索建立多层次、多渠道的女性科技人才培养体系。依托国家重点实验室、重大科研项目和重大工程建设项目，聚集、培养女性专业技术人才和技能人才。

11. 加强妇女理论研究和高等学校女性学学科建设。在国家社科基金等科研基金中增加社会性别和妇女发展的相关项目和课题，推动妇女理论研究。提高女性学学科等级，鼓励高等学校开设女性学专业或女性学课程，培养女性学专业人才。

12. 实施教育内容和教育过程性别评估。在课程和教材相关指导机构中增加社会性别专家。在教育内容和教育方式中充分体现社会性别理念，引导学生树立男女平等的性别观念。

13. 提高教育工作者的社会性别意识。加大对教育管理者社会性别理论的培训力度，在师资培训计划和师范类院校课程中增加性别平等内容，强化教育管理者的社会性别意识。提高各级各类学校和教育行政部门决策和管理层的女性比例。

14. 均衡中、高等教育学科领域学生的性别结构。鼓励学生全面发展，弱化性别因素对学生专业选择的影响。采取多种方式，鼓励更多女性参与高科技领域的学习和研究。

（三）妇女与经济。

主要目标：

1. 保障妇女平等享有劳动权利，消除就业性别歧视。

2. 妇女占从业人员比例保持在40%以上，城镇单位女性从业人数逐步增长。

3. 男女非农就业率和男女收入差距缩小。

4. 技能劳动者中的女性比例提高。

5. 高级专业技术人员中的女性比例达到35%。

6. 保障女职工劳动安全，降低女职工职业病发病率。

7. 确保农村妇女平等获得和拥有土地承包经营权。

8. 妇女贫困程度明显降低。

策略措施：

1. 加大妇女经济权利的法律保障力度。制定和完善保障妇女平等参与经济发展、平等享有劳动权利的法规政策，确保妇女平等获得经济资源和有效服务。严格执行就业促进法、劳动合同法等法律法规。

2. 消除就业中的性别歧视。除法律规定不适合女性的工种和岗位外，任何单位在录用人员时不得以性别或变相以性别为由拒绝录用女性或提高女性录用标准，不得在劳动合同中规定或以其他方式变相限制女性结婚、生育。加大劳动保障监察执法力度，依法查处用人单位和职业中介机构的性别歧视行为。

3. 扩大妇女就业渠道。大力推进第三产业发展，为妇女创造新的就业机会和就业岗位。不断提高中小企业和非公有制企业吸纳妇女就业的能力。采取有效措施，推动妇女在新兴产业和新兴行业就业。制定实施更加积极的就业政策，强化对就业困难妇女的就业援助。完善创业扶持政策，采取技能培训、税费减免、贷款贴息、跟踪指导等措施，支持和帮助妇女成功创业。

4. 促进女大学生充分就业。加强面向高校女大学生的就业指导、培训和服务，引导女大学生树立正确的择业就业观。完善女大学生自主创业扶持政策，开展女大学生自主创业培训，促进帮扶女大学生创业。

5. 为就业困难妇女创造有利的就业条件。落实公益性岗位政策，扶持大龄、残疾等就业困难妇女就业。认真落实有关法律规定，支持生育妇女重返工作岗位。按规定落实社会保险补贴、培训补贴、小额担保贷款贴息等就业扶持政策，帮助失业妇女创业和再就业。

6. 改善妇女就业结构。加快城乡一体化进程，多渠道引导和扶持农村妇女向非农产业有序转移。完善国家技能人才培养、评价、激励等政策，加强对妇女的职业技能培训，提高初、中、高级技能劳动者中的女性比例。引导妇女积极参与科学研究和技术领域的发展，为她们成长创造条件。

7. 全面落实男女同工同酬。建立健全科学合理的工资收入分配制度，对从事相同工作、付出等量劳动、取得相同劳绩的劳动者，用人单位要支付同等劳动报酬。

8. 保障女职工职业卫生安全。广泛开展职业病防治宣传教育，提高女职工特别是灵活就业女职工的自我保护意识。加强职业病危害的管理与监督。将女职工特殊劳动保护作为劳动保障监察和劳动安全监督的重要内容。加强女职工劳动保护，禁止安排女职工从事禁忌劳动范围的劳动，减少女职工职业病的发生。

9. 保障女职工劳动权益。不断完善女职工劳动保护法律法规，加强法律法规和安全卫生知识的宣传教育及培训，提高女职工自我保护意识。规范企业用工行为，提高企业劳动合同签订率，推进已建工会的企业签订并履行女职工权益保护专项集体合同。依法处理侵犯女职工权益案件。

10. 保障农村妇女土地权益。落实和完善保障农村妇女土地权益的相关政策，纠正与法律法规相冲突的村规民约。建立健全农村集体资金、资产、资源管理等各项制度，推动各地出台农村集体经济组织内部征地补偿费分配使用办法，确保妇女享有与男子平等的土地承包经营权、宅基地使用权和集体收益分配权。

11. 提高农村妇女经济收入。大力推动农业生产互助合作组织发展，提升农业生产规模和经营收益。保障农村妇女享有国家规定的各项农业补贴。围绕农产品产地初加工、休闲农业和乡村旅游等农村第二、第三产业发展，积极创造适宜农村妇女就业的岗位。开展便于农村妇女参与的实用技术培训和职业技能培训，帮助农村留守妇女和返乡妇女多种形式创业就业。支持金融机构、企业等组织与妇女组织合作，面向农村妇女开展金融服务和相关培训。

12. 加大对贫困妇女的扶持力度。制订有利于贫困妇女的扶贫措施，保障贫困妇女的资源供给。帮助、支持农村贫困妇女实施扶贫项目。小额担保贷款等项目资金向城乡贫困妇女倾斜。

（四）妇女参与决策和管理。

主要目标：

1. 积极推动有关方面逐步提高女性在全国和地方各级人大代表、政协委员以及人大、政协常委中的比例。

2. 县级以上地方政府领导班子中有 1 名以上女干部，并逐步增加。

3. 国家机关部委和省（区、市）、市（地、州、盟）政府工作部门领导班子中女干部数量在现有基础上逐步增加。

4. 县（处）级以上各级地方政府和工作部门领导班子中担任正职的女干部占同级正职干部的比例逐步提高。

5. 企业董事会、监事会成员及管理层中的女性比例逐步提高。

6. 职工代表大会、教职工代表大会中女代表比例逐步提高。

7. 村委会成员中女性比例达到 30% 以上。村委会主任中女性比例达到 10% 以上。

8. 居委会成员中女性比例保持在 50% 左右。

策略措施：

1. 制定和完善促进妇女参与决策和管理的相关法规政策。积极推动有关方面采取措施提高人大代表、政协委员、村民委员会、居民委员会中的女性比例及候选人中的女性比例。

2. 为妇女参与决策和管理创造良好社会环境。开展多种形式的宣传，提高全社会的性别平等意识，以及对妇女在推动国家民主法治进程和促进两性和谐发展中重要作用的认识。

3. 提高妇女参与决策和管理的意识和能力。面向妇女开展宣传培训，不断提高妇女民主参与意识和能力，鼓励和引导妇女积极参与决策和管理。保障女干部接受各类培训的机会，加大对基层女干部的培训力度，不断提高女干部政治文化素质和决策管理能力。

4. 完善干部人事制度和公务员管理制度。在干部选拔、聘（任）用、晋升中切实贯彻"民主、公开、竞争、择优"原则，保障妇女不受歧视。加强对公务员录用、培训、考核、奖励、交流、晋升等各环节的严格监管，保证妇女平等权利。

5. 加大培养、选拔女干部力度。贯彻落实相关法规政策中关于女干部培养选拔和配备的要求。通过培养、交流等形式，推动一定比例的女干部到重要部门、关键岗位担任主要领导职务。注重从基层、生产一线培养选拔女干部。逐步提高后备干部队伍中女干部的比例。

6. 推动妇女参与企业经营管理。深化企业人事制度改革，坚持公开、透明、择优的选拔任用原则，通过组织推荐、公开招聘、民主选举、竞争上岗等方式，使更多妇女进入企业的董事会、监事会和管理层。

7. 推动妇女广泛参与基层民主管理。完善村委会、居委会等基层民主选举制度，为妇女参与基层民主管理创造条件。完善以职工代表大会为基本形式的民主管理制度，保障企事业职工代表大会女代表比例与女职工比例相适应。

8. 拓宽妇女参与决策和管理的渠道。在制定涉及公众利益和妇女权益的重大决策时，充分听取女人大代表、女政协委员和妇女群众的意见和建议。大力开展多种形式的参政议政活动，为妇女参与决策和管理提供机会。

9. 提高妇联组织参与决策和管理的影响力。充分发挥妇联组织代表妇女参与国家和社会事务的民主决策、民主管理和民主监督的作用。充分吸收妇联组织参与有关妇女法规政策和重大公共政策的制定，反映妇女群众的意见和诉求。重视妇联组织在培养、推荐女干部和优秀女性人才，以及推动妇女参政议政等方面的意见和建议。

（五）妇女与社会保障。

主要目标：

1. 城乡生育保障制度进一步完善，生育保险覆盖所有用人单位，妇女生育保障水平稳步提高。

2. 基本医疗保险制度覆盖城乡妇女，医疗保障水平稳步提高。

3. 妇女养老保障覆盖面逐步扩大。继续扩大城镇个体工商户和灵活就业妇女的养老保险覆盖面，大幅提高新型农村社会养老保险妇女参保率。

4. 妇女参加失业保险的人数增加，失业保险待遇水平逐步提高。

5. 有劳动关系的女性劳动者全部参加工伤保险。

6. 妇女养老服务水平提高，以城乡社区为单位的养老服务覆盖率达到90%以上。

策略措施：

1. 加强妇女社会保障法制建设。贯彻落实社会保险法，制定配套法规，为妇女普遍享有生育保险、医疗保险、养老保险、失业保险和工伤保险提供法制保障。

2. 完善生育保障制度。完善城镇职工生育保险制度，进一步扩大生育保险覆盖范围，提高参保率。以城镇居民基本医疗保险、新型农村合作医疗制度为依托，完善城乡生育保障制度，覆盖所有城乡妇女。

3. 确保城乡妇女享有基本医疗保障。继续扩大城镇职工基本医疗保险、城镇居民基本医疗保险和新型农村合作医疗覆盖面，逐步提高保障水平。

4. 完善覆盖城乡的养老保险制度。完善城镇职工养老保险制度，加快建立城镇居民养老保险制度，大力推进新型农村社会养老保险。

5. 进一步完善失业保险制度。继续扩大失业保险覆盖范围，切实保障女性失业者的失业保险合法权益。

6. 保障女性劳动者的工伤保险合法权益。扩大工伤保险覆盖范围，加大执法力度，确保各项工伤保险待遇的落实。

7. 完善城乡社会救助制度。建立与经济增长和物价水平相适应的救助标准调整机制，合理确定救助水平，对符合救助条件的妇女进行救助。

8. 倡导社会力量参与救助。大力支持和规范社会组织和公民的救助活动，鼓励社会组织开展公益活动，多方动员社会资源，为困难妇女提供救助。

9. 保障老年妇女享有基本养老服务。建立健全社会养老服务体系，加大老龄事业投入，发展公益性社区养老机构，加强养老服务队伍的专业化建设，提高社区的养老照护能力和服务水平。

10. 为残疾妇女提供社会保障。为重度和贫困残疾妇女参加新型农村合作医疗、城镇居民基本医疗保险、新型农村社会养老保险等社会保险提供保费补贴。多渠道保障残疾贫困妇女的基本生活。加强残疾人福利机构和康复服务机构建设，市、县普遍建立残疾人综合服务设施。推进残疾妇女社区康复。

（六）妇女与环境。

主要目标：

1. 男女平等基本国策进一步落实，形成两性平等、和谐的家庭和社会环境。

2. 性别平等原则在环境与发展、文化与传媒、社会管理与家庭等相关政策中得到充分体现。

3. 完善传媒领域的性别平等监管机制。

4. 开展基于社区的婚姻家庭教育和咨询，建立平等、文明、和谐、稳定的家庭关系。

5. 鼓励和引导妇女做和谐家庭建设的推动者。

6. 开展托幼、养老家庭服务，为妇女更好地平衡工作和家庭责任创造条件。

7. 全面解决农村饮水安全问题，降低水污染对妇女健康的危害。农村集中式供水受益人口比例提高到85%左右。

8. 农村卫生厕所普及率提高到85%。城镇公共厕所男女厕位比例与实际需求相适应。

9. 倡导妇女参与节能减排，践行低碳生活。

10. 提高妇女预防和应对灾害风险的能力，满足妇女在减灾中的特殊需求。

策略措施：

1. 加大男女平等基本国策的理论研究和宣传力度。将男女平等基本国策理论研究与中国特色社会主义理论研究相结合，不断丰富男女平等基本国策的理论基础。推动将男女平等基本国策宣传培训纳入各级党校、行政学院教学计划和各级干部培训规划。多渠道、多形式宣传男女平等基本国策，使性别平等理念深入社区、家庭，提高基本国策的社会影响力。

2. 制定和落实具有社会性别意识的文化和传媒政策。对文化和传媒政策进行社会性别分析、评估，反映对男女两性的不同影响和需求，制定促进两性和谐发展的文化和传媒政策，禁止性别歧视。

3. 大力宣传妇女在推动经济社会发展中的积极作用。在新闻出版、广播影视以及文学艺术等领域，充分展示妇女参与和推动经济发展及社会进步的成就、价值和贡献。大力宣传妇女中的先进模范人物，引导广大妇女发扬自尊、自信、自立、自强的精神。

4. 加强对传媒的正面引导和管理。将社会性别意识纳入传媒培训规划，提高媒体决策和管理者及从业人员的社会性别意识。完善传媒监管机制，增加性别监测内容，吸纳社会性别专家参与传媒监测活动。监督新闻媒体和广告经营者严格自律。禁止在媒体中出现贬抑、否定妇女独立人格等性别歧视现象。

5. 提高妇女运用媒体获取知识和信息的能力。为妇女接触、学习和运用大众媒体提供条件和机会。支持和促进边远农村和贫困、流动、残疾等妇女使用媒体和通信传播技术。鼓励民间机构和企业等运用各类信息通信技术帮助边远地区妇女获得信息和服务。

6. 营造平等、和谐的家庭环境。通过开展多种形式的宣传教育活动，弘扬尊老爱幼、男女平等、夫妻和睦、勤俭持家、邻里团结的家庭美德，树立先进的性别文化，倡导文明、健康、科学的生活方式和男女共同承担家庭责任。

7. 引导妇女参与家庭教育指导和宣传实践活动。多形式、多渠道宣传和普及家庭教育知识，积极引导儿童家长接受家庭教育指导服务和家庭教育实践活动。通过有效措施，吸纳妇女参与家庭教育研究，推广家庭教育成果。

8. 深入开展家庭教育指导服务和宣传活动。充分发挥传统与现代传媒作用，普及家庭教育知识，帮助家长树立科学的教育理念，掌握正确方法。

9. 大力推进社区公共服务体系建设。发展面向家庭的公共服务，为夫妻双方兼顾工作和家庭提供支持。发展公共托幼服务，为婴幼儿家庭提供支持。强化城乡社区儿童服务功能，提高家务劳动社会化程度。

10. 减少环境污染对妇女的危害。完善环境监测和健康监测数据库，从性别视角分析评估饮用水、室内空气污染和生活、工业、农业等环境污染对妇女健康的危害，加强对环境污染的控制和治理，有效减少各种污染对环境的影响。提高生活垃圾减量化、资源化和无害化水平。加强清洁能源的开发利用，改善家庭能源结构。加大对从事有毒有害作业妇女健康的保护力度。

11. 组织动员妇女积极参与生态建设和环境保护。开展多层次、多形式的生态和环境保护宣传教育活动，增强妇女生态文明意识，提高妇女参与生态建设和环境保护的能力。促进妇女主动参与节能减排，崇尚绿色消费，践行低碳生活。

12. 建立健全农村饮水安全保障体系。继续推进农村饮水安全工程建设，大力发展农村集中式供水工程，加强农村饮水安全工程运行管理，落实管护主体，加强水源保护和水质监测，确保工程长期发挥效益。

13. 提高农村卫生厕所的普及程度。大力宣传改厕的重要意义，鼓励农民自觉改厕。加强对改厕工作的技术指导和服务。将改厕纳入新农村建设规划，改厕成效纳入政府年度工作考核范围。

14. 推动城镇公共厕所男女厕位比例与实际需求相适应。在场馆、商场等公共场所的建设规划中，从性别视角进行公共厕所的男女使用需求和效率的分析研究，充分考虑妇女生理特点，确定合理的男女厕位比例。

15. 在减灾工作中体现性别意识。根据妇女特殊需求，在减灾工作中对妇女提供必要的救助和服务。通过宣传培训，提高妇女预防和应对灾害的能力，吸收妇女参与相关工作。加强对灾区妇女的生产自救和就业指导。

16. 开展促进妇女发展的国际交流与合作。积极履行联合国《消除对妇女一切形式歧视公约》等国际文件，扩大多边和双边交流与合作，宣传我国促进妇女发展取得的成就，提高我国妇女在国际事务中的影响力。

（七）妇女与法律。

主要目标：

1. 促进男女平等的法律法规不断完善。

2. 加强对法规政策的性别平等审查。

3. 妇女依法维护自身权益的意识和能力不断增强。

4. 严厉打击强奸、拐卖妇女和组织、强迫、引诱、容留、介绍妇女卖淫等严重侵害妇女人身权利的犯罪行为。

5. 预防和制止针对妇女的家庭暴力。

6. 保障妇女在婚姻家庭关系中的财产权益。

7. 保障妇女依法获得法律援助和司法救助。

策略措施：

1. 不断完善保障妇女权益的法律体系。针对妇女权益保障中的突出问题，推动制定和完善相关法律法规，保障妇女在政治、文化教育、人身、财产、劳动、社会保障、婚姻家庭等方面的权利。

2. 加强对法规政策中违反男女平等原则内容的审查。贯彻落实立法法中有关法规政策的备案审查制度和程序的规定，依法加强对违反男女平等原则法规政策的备案审查，并对现行法规政策中违反男女平等原则的条款和内容进行清理。

3. 保障妇女有序参与立法。引导和鼓励广大妇女通过多种途径参与立法活动，发表意见和建议。拓展妇联组织和其他妇女组织参与立法的途径，广泛听取其意见和建议。

4. 支持和配合各级人大开展对维护妇女权益相关法律法规的执法检查，深入了解法律法规执行中的问题，提出解决问题的意见和建议。

5. 广泛深入宣传保障妇女权益的法律知识。加大普法力度，将保障妇女权益法律知识的宣传教育纳入全民普法规划，推动城乡社区普法工作深入开展。面向广大妇女多渠道、多形式开展专项普法活动。

6. 加强社会性别理论培训。将社会性别理论纳入立法、司法和执法部门常规培训课程，提高立法、司法和执法人员的社会性别意识。

7. 提高妇女在司法和执法中的影响力。鼓励和推荐符合人民陪审员条件的妇女担任人民陪审员。鼓励和推荐有专业背景的妇女担任人民检察院特约检察员或人民监督员。

8. 严厉打击组织、强迫、引诱、容留、介绍妇女卖淫犯罪活动。强化整治措施，加大监管力度，严厉查处涉黄娱乐服务场所，依法从严惩处犯罪分子。加大社会治安综合治理力度，鼓励群众对涉黄违法犯罪活动进行举报和监督。

9. 加大反对拐卖妇女的工作力度。坚持预防为主、防治结合，提高全社会的反拐意识和妇女的防范意识。加强综合治理，加大对拐卖妇女犯罪行为的打击力度。加强被解救妇女身心康复和回归社会的工作。

10. 预防和制止针对妇女的家庭暴力。推动预防和制止家庭暴力的立法进程。加强宣传教育，增强全社会自觉抵制家庭暴力的意识和能力，提高受家庭暴力侵害妇女的自我保护能力。完善预防和制止家庭暴力多部门合作机制，以及预防、制止、救助一体化工作机制。

11. 有效预防和制止针对妇女的性骚扰。建立健全预防和制止性骚扰的法规和工作机制，加大对性骚扰行为的打击力度。用人单位采取有效措施，防止工作场所的性骚扰。

12. 维护婚姻家庭关系中的妇女财产权益。依照有关法律规定，在审理婚姻家庭和继承案件中，体现性别平等；在离婚案件审理中，考虑婚姻关系存续期间妇女在照顾家庭上投入的劳动、妇女离婚后的生存发展以及抚养未成年子女的需要，实现公平补偿。

13. 维护农村妇女在村民自治中的合法权益。贯彻落实村民委员会组织法，保障妇女依法行使民主选举、民主决策、民主管理、民主监督的权利。乡（镇）人民政府对报送其备案的村民自治章程和村规民约，发现有与宪法、法律、法规和国家的政策相抵触，含有歧视妇女或损害妇女合法权益内容的，应及时予以纠正。

14. 及时受理侵害妇女权益案件。依照有关法律规定，对涉及妇女个人隐私的案件，在诉讼过程中采取措施使受害妇女免受二次伤害。

15. 依法为妇女提供法律援助。提高法律援助的社会知晓率，鼓励符合条件的妇女申请法律援助并为其提供便利。进一步扩大法律援助覆盖面，健全完善法律援助工作网络。鼓励和支持法律服务机构、社会组织、事业单位等为妇女提供公益性法律服务和援助。

16. 依法为妇女提供司法救助。为经济困难或因其他特殊情况需要救助的妇女提供司法救助，实行诉讼费的缓交、减交或免交。建立完善刑事被害人救助制度，对因受犯罪侵害而陷入生活困境的妇女实行国家救助，保障受害妇女的基本生活。

四、组织实施

（一）加强对纲要实施工作的组织领导。国务院及地方各级妇女儿童工作委员会（以下简称妇儿工委）负责纲要实施的组织、协调、指导和督促。政府有关部门、相关机构和社会团体结合各自职责，承担落实纲要中相应目标任务。

（二）制定地方妇女发展规划和部门实施方案。县级以上地方人民政府依据本纲要，结合实际制定本地区妇女发展规划。国务院及地方政府各有关部门、相关机构和社会团体结合各自职责，按照任务分工，制定实施方案，形成全国妇女发展规划体系。

（三）加强纲要与国民经济和社会发展规划的衔接。在经济和社会发展总体规划中体现男女平等基本国策，将妇女发展的主要指标纳入经济和社会发展总体规划及专项规划，统一部署，统筹安排，同步实施，同步发展。

（四）保障妇女发展的经费投入。各级政府将实施纲要所需经费纳入财政预算，加大经费投入，并随着经济增长逐步增加。重点扶持贫困地区和少数民族地区妇女发展。动员社会力量，多渠道筹集资金，支持妇女发展。

（五）建立健全实施纲要的工作机制。建立政府主导、多部门合作、全社会参与的工作机制，共同做好纲要实施工作。建立目标管理责任制，将纲要主要目标纳入相关部门、机构和社会团体的目标管理和考核体系，考核结果作为对领导班子和有关负责人综合考核评价的重要内容。健全报告制度，各有关部门每年向本级政府妇儿工委和上级主管部门报告纲要实施的情况，各级妇儿工委每年向上级妇儿工委报告本地区纲要实施的总体情况。健全会议制度，定期召开各级妇儿工委全体会议，汇报、交流实施纲要的进展情况。健全监测评估制度，明确监测评估责任，加强监测评估工作。

（六）坚持和创新实施纲要的有效做法。及时开展对妇女发展和权益保护状况的调查研究，掌握新情况，分析新问题，为制定相关法规政策提供依据。加强妇女发展领域理论研究，总结探索妇女发展规律和妇女工作规律。开展国际交流与合作，学习借鉴促进妇女发展的先进理念和经验。不断创新工作方法，通过实施项目、为妇女办实事等方式解决重点难点问题；通过分类指导、示范先行，总结推广经验，推进纲要实施。

（七）加大实施纲要宣传力度。多渠道、多形式面向各级领导干部、妇女工作者、广大妇女和全社会宣传纲要内容及纲要实施中的典型经验和成效，宣传促进妇女发展的法规政策和国际公约，营造有利于妇女发展的社会氛围。

（八）加强实施纲要能力建设。将实施纲要所需知识纳入培训计划，举办多层次、多形式培训，增强政府及各有关部门、机构相关人员、相关专业工作者实施纲要的责任意识和能力。

（九）鼓励妇女参与纲要实施。妇女既是纲要实施的受益者，也是纲要实施的参与者。实施纲要应听取妇女的意见和建议。鼓励妇女参与纲要实施，提高参与意识和能力，实现自身发展。

五、监测评估

（一）对纲要实施情况进行年度监测、中期评估和终期评估。及时收集、整理、分析反映妇女发展状况的相关数据和信息，动态反映纲要目标进展情况。在此基础上，系统分析和评价纲要目标达标状况，评判纲要策略措施和纲要实施工作的效率、效果、效益，预测妇女发展趋势。通过监测评估，准确掌握妇女发展状况，制定和调整促进妇女发展的政策措施，推动纲要目标的实现，为规划未来妇女发展奠定基础。

（二）各级妇儿工委设立监测评估领导小组，负责组织领导监测评估工作，审批监测评估方案，审核监测评估报告等。监测评估领导小组下设监测组和评估组。

监测组由各级统计部门牵头，负责纲要监测工作的指导和人员培训，研究制定监测方案，收集、整理、分析数据和信息，撰写并提交年度监测报告等。

评估组由各级妇儿工委办事机构牵头，负责评估工作的指导和人员培训，制定评估方案，组织开展评估工作，撰写并提交评估报告等。

（三）各级政府要将监测评估工作所需经费纳入财政预算。各级政府及有关部门结合监测评估结果开展宣传，研究利用监测评估结果加强纲要实施。

（四）建立妇女发展综合统计制度，规范和完善与妇女生存、发展有关的统计指标和分性别统计指标，将其纳入国家和部门常规统计或统计调查。建立和完善国家、省、地三级妇女发展监测数据库。

（五）各级妇儿工委成员单位、相关机构及有关部门要向同级统计部门报送年度监测数据，向同级妇儿工委提交中期和终期评估报告。

最高人民法院关于审理拐卖妇女儿童犯罪案件具体应用法律若干问题的解释

法释〔2016〕28 号

《最高人民法院关于审理拐卖妇女儿童犯罪案件具体应用法律若干问题的解释》已于 2016 年 11 月 14 日由最高人民法院审判委员会第 1699 次会议通过，现予公布，自 2017 年 1 月 1 日起施行。

最高人民法院

2016 年 12 月 21 日

为依法惩治拐卖妇女、儿童犯罪，切实保障妇女、儿童的合法权益，维护家庭和谐与社会稳定，根据刑法有关规定，结合司法实践，现就审理此类案件具体应用法律的若干问题解释如下：

第一条 对婴幼儿采取欺骗、利诱等手段使其脱离监护人或者看护人的，视为刑法第二百四十条第一款第（六）项规定的"偷盗婴幼儿"。

第二条 医疗机构、社会福利机构等单位的工作人员以非法获利为目的，将所诊疗、护理、抚养的儿童出卖给他人的，以拐卖儿童罪论处。

第三条 以介绍婚姻为名，采取非法扣押身份证件、限制人身自由等方式，或者利用妇女人地生疏、语言不通、孤立无援等境况，违背妇女意志，将其出卖给他人的，应当以拐卖妇女罪追究刑事责任。

以介绍婚姻为名，与被介绍妇女串通骗取他人钱财，数额较大的，应当以诈骗罪追究刑事责任。

第四条 在国家机关工作人员排查来历不明儿童或者进行解救时，将所收买的儿童藏匿、转移或者实施其他妨碍解救行为，经说服教育仍不配合的，属于刑法第二百四十一条第六款规定的"阻碍对其进行解救"。

第五条 收买被拐卖的妇女，业已形成稳定的婚姻家庭关系，解救时被买妇女自愿继续留在当地共同生活的，可以视为"按照被买妇女的意愿，不阻碍其返回原居住地"。

第六条 收买被拐卖的妇女、儿童后又组织、强迫卖淫或者组织乞讨、进行违反治安管理活动等构成其他犯罪的，依照数罪并罚的规定处罚。

第七条 收买被拐卖的妇女、儿童，又以暴力、威胁方法阻碍国家机关工作人员解救被收买的妇女、儿童，或者聚众阻碍国家机关工作人员解救被收买的妇女、儿童，构成妨害公务罪、聚众阻碍解救被收买的妇女、儿童罪的，依照数罪并罚的规定处罚。

第八条 出于结婚目的收买被拐卖的妇女，或者出于抚养目的收买被拐卖的儿童，涉及多名家庭成员、亲友参与的，对其中起主要作用的人员应当依法追究刑事责任。

第九条 刑法第二百四十条、第二百四十一条规定的儿童，是指不满十四周岁的人。其中，不满一周岁的为婴儿，一周岁以上不满六周岁的为幼儿。

第十条 本解释自 2017 年 1 月 1 日起施行。

关于依法惩治拐卖妇女儿童犯罪的意见

最高人民法院　最高人民检察院　公安部　司法部
印发《关于依法惩治拐卖妇女儿童犯罪的意见》的通知
法发〔2010〕7号

各省、自治区、直辖市高级人民法院、人民检察院、公安厅（局）、司法厅（局），解放军军事法院、军事检察院，新疆维吾尔自治区高级人民法院生产建设兵团分院，新疆生产建设兵团人民检察院、公安局、司法局：

为加大对妇女、儿童合法权益的司法保护，依法惩治拐卖妇女、儿童犯罪，现将最高人民法院、最高人民检察院、公安部、司法部《关于依法惩治拐卖妇女儿童犯罪的意见》印发给你们，请认真贯彻执行。

最高人民法院　最高人民检察院　公安部　司法部
二〇一〇年三月十五日

为加大对妇女、儿童合法权益的司法保护力度，贯彻落实《中国反对拐卖妇女儿童行动计划（2008—2012）》，根据刑法、刑事诉讼法等相关法律及司法解释的规定，最高人民法院、最高人民检察院、公安部、司法部就依法惩治拐卖妇女、儿童犯罪提出如下意见：

一、总体要求

1. 依法加大打击力度，确保社会和谐稳定。自 1991 年全国范围内开展打击拐卖妇女、儿童犯罪专项行动以来，侦破并依法处理了一大批拐卖妇女、儿童犯罪案件，犯罪分子受到依法严惩。2008 年，全国法院共审结拐卖妇女、儿童犯罪案件 1353 件，比 2007 年上升 9.91%；判决发生法律效力的犯罪分子 2161 人，同比增长 11.05%，其中，被判处五年以上有期徒刑、无期徒刑至死刑的 1319 人，同比增长 10.1%，重刑率为 61.04%，高出同期全部刑事案件重刑率 45.27 个百分点。2009 年，全国法院共审结拐卖妇女、儿童犯罪案件 1636 件，比 2008 年上升 20.9%；判决发生法律效力的犯罪分子 2413 人，同比增长 11.7%，其中被判处五年以上有期徒刑、无期徒刑至死刑的 1475 人，同比增长 11.83%。

但是，必须清醒地认识到，由于种种原因，近年来，拐卖妇女、儿童犯罪在部分地区有所上升的势头仍未得到有效遏制。此类犯罪严重侵犯被拐卖妇女、儿童的人身权利，致使许多家庭骨肉分离，甚至家破人亡，严重危害社会和谐稳定。人民法院、人民检察院、公安机关、司法行政机关应当从维护人民群众切身利益、确保社会和谐稳定的大局出发，进一步依法加大打击力度，坚决有效遏制拐卖妇女、儿童犯罪的上升势头。

2. 注重协作配合，形成有效合力。人民法院、人民检察院、公安机关应当各司其职，各负其责，相互支持，相互配合，共同提高案件办理的质量与效率，保证办案的法律效果与社会效果的统一；司法行政机关应当切实做好有关案件的法律援助工作，维护当事人的合法权益。各地司法机关要统一思想认识，进一步加强涉案地域协调和部门配合，努力形成依法严惩拐卖妇女、儿童犯罪的整体合力。

3. 正确贯彻政策，保证办案效果。拐卖妇女、儿童犯罪往往涉及多人、多个环节，要根据宽严相济刑事政策和罪责刑相适应的刑法基本原则，综合考虑犯罪分子在共同犯罪中的地位、作用及人身危险性的大小，依法准确量刑。对于犯罪集团的首要分子、组织策划者、多次参与者、拐卖多人者或者具有累犯等从严、从重处罚情节的，必须重点打击，坚决依法严惩。对于罪行严重，依法应当判处重刑乃至死刑的，坚决依法判处。要注重铲除"买方市场"，从源头上遏制拐卖妇女、儿童犯罪。对于收买被拐卖的妇女、儿童，依法应当追究刑事责任的，坚决依法追究。同时，对于具有从宽处罚情节的，要在综合考虑犯罪事实、性质、情节和危害程度的基础上，依法从宽，体现政策，以分化瓦解犯罪，鼓励犯罪人悔过自新。

二、管辖

4. 拐卖妇女、儿童犯罪案件依法由犯罪地的司法机关管辖。拐卖妇女、儿童犯罪的犯罪地包括拐出地、中转地、拐入地以及拐卖活动的途经地。如果由犯罪嫌疑人、被告人居住地的司法机关管辖更为适宜的，可以由犯罪嫌疑人、被告人居住地的司法机关管辖。

5. 几个地区的司法机关都有权管辖的，一般由最先受理的司法机关管辖。犯罪嫌疑人、被告人或者被拐卖的妇女、儿童人数较多，涉及多个犯罪地的，可以移送主要犯罪地或者主要犯罪嫌疑人、被告人居住地的司法机关管辖。

6. 相对固定的多名犯罪嫌疑人、被告人分别在拐出地、中转地、拐入地实施某一环节的犯罪行为，犯罪所跨地域较广，全案集中管辖有困难的，可以由拐出地、中转地、拐入地的司法机关对不同犯罪分子分别实施的拐出、中转和拐入犯罪行为分别管辖。

7. 对管辖权发生争议的，争议各方应当本着有利于迅速查清犯罪事实，及时解救被拐卖的妇女、儿童，以及便于起诉、审判的原则，在法定期间内尽快协商解决；协商不成的，报请共同的上级机关确定管辖。

正在侦查中的案件发生管辖权争议的，在上级机关作出管辖决定前，受案机关不得停止侦查工作。

三、立案

8. 具有下列情形之一，经审查，符合管辖规定的，公安机关应当立即以刑事案件立案，迅速开展侦查工作：

（1）接到拐卖妇女、儿童的报案、控告、举报的；

（2）接到儿童失踪或者已满十四周岁不满十八周岁的妇女失踪报案的；

（3）接到已满十八周岁的妇女失踪，可能被拐卖的报案的；

（4）发现流浪、乞讨的儿童可能系被拐卖的；

（5）发现有收买被拐卖妇女、儿童行为，依法应当追究刑事责任的；

（6）表明可能有拐卖妇女、儿童犯罪事实发生的其他情形的。

9. 公安机关在工作中发现犯罪嫌疑人或者被拐卖的妇女、儿童，不论案件是否属于自己管辖，都应当首先采取紧急措施。经审查，属于自己管辖的，依法立案侦查；不属于自己管辖的，及时移送有管辖权的公安机关处理。

10. 人民检察院要加强对拐卖妇女、儿童犯罪案件的立案监督，确保有案必立、有案必查。

四、证据

11. 公安机关应当依照法定程序，全面收集能够证实犯罪嫌疑人有罪或者无罪、犯罪情节轻重的各种证据。

要特别重视收集、固定买卖妇女、儿童犯罪行为交易环节中钱款的存取证明、犯罪嫌疑人的通话清单、乘坐交通工具往来有关地方的票证、被拐卖儿童的 DNA 鉴定结论、有关监控录像、电子信息等客观性证据。

取证工作应当及时，防止时过境迁，难以弥补。

12. 公安机关应当高度重视并进一步加强 DNA 数据库的建设和完善。对失踪儿童的父母，或者疑似被拐卖的儿童，应当及时采集血样进行检验，通过全国 DNA 数据库，为查获犯罪，帮助被拐卖的儿童及时回归家庭提供科学依据。

13. 拐卖妇女、儿童犯罪所涉地区的办案单位应当加强协作配合。需要到异地调查取证的，相关司法机关应当密切配合；需要进一步补充查证的，应当积极支持。

五、定性

14. 犯罪嫌疑人、被告人参与拐卖妇女、儿童犯罪活动的多个环节，只有部分环节的犯罪事实查证清楚、证据确实、充分的，可以对该环节的犯罪事实依法予以认定。

15. 以出卖为目的强抢儿童，或者捡拾儿童后予以出卖，符合刑法第二百四十条第二款规定的，应当以拐卖儿童罪论处。

以抚养为目的偷盗婴幼儿或者拐骗儿童，之后予以出卖的，以拐卖儿童罪论处。

16. 以非法获利为目的，出卖亲生子女的，应当以拐卖妇女、儿童罪论处。

17. 要严格区分借送养之名出卖亲生子女与民间送养行为的界限。区分的关键在于行为人是否具有非法获利的目的。应当通过审查将子女"送"人的背景和原因、有无收取钱财及收取钱财的多少、对方是否具有抚养目的及有无抚养能力等事实，综合判断行为人是否具有非法获利的目的。

具有下列情形之一的，可以认定属于出卖亲生子女，应当以拐卖妇女、儿童罪论处：

（1）将生育作为非法获利手段，生育后即出卖子女的；

（2）明知对方不具有抚养目的，或者根本不考虑对方是否具有抚养目的，为收取钱财将子女"送"给他人的；

（3）为收取明显不属于"营养费"、"感谢费"的巨额钱财将子女"送"给他人的；

（4）其他足以反映行为人具有非法获利目的的"送养"行为的。

不是出于非法获利目的，而是迫于生活困难，或者受重男轻女思想影响，私自将没有独立生活能力的子女送给他人抚养，包括收取少量"营养费"、"感谢费"的，属于民间送养行为，不能以拐卖妇女、儿童罪论处。对私自送养导致子女身心健康受到严重损害，或者具有其他恶劣情节，符合遗弃罪特征的，可以遗弃罪论处；情节显著轻微危害不大的，可由公安机关依法予以行政处罚。

18. 将妇女拐卖给有关场所，致使被拐卖的妇女被迫卖淫或者从事其他色情服务的，以拐卖妇女罪论处。

有关场所的经营管理人员事前与拐卖妇女的犯罪人通谋的，对该经营管理人员以拐卖妇女罪的共犯论处；同时构成拐卖妇女罪和组织卖淫罪的，择一重罪论处。

19. 医疗机构、社会福利机构等单位的工作人员以非法获利为目的，将所诊疗、护理、抚养的儿童贩卖给他人的，以拐卖儿童罪论处。

20. 明知是被拐卖的妇女、儿童而收买，具有下列情形之一的，以收买被拐卖的妇女、儿童罪论处；同时构成其他犯罪的，依照数罪并罚的规定处罚：

（1）收买被拐卖的妇女后，违背被收买妇女的意愿，阻碍其返回原居住地的；

（2）阻碍对被收买妇女、儿童进行解救的；

（3）非法剥夺、限制被收买妇女、儿童的人身自由，情节严重，或者对被收买妇女、儿童有强奸、伤害、侮辱、虐待等行为的；

（4）所收买的妇女、儿童被解救后又再次收买，或者收买多名被拐卖的妇女、儿童的；

（5）组织、诱骗、强迫被收买的妇女、儿童从事乞讨、苦役，或者盗窃、传销、卖淫等违法犯罪活动的；

（6）造成被收买妇女、儿童或者其亲属重伤、死亡以及其他严重后果的；

（7）具有其他严重情节的。

被追诉前主动向公安机关报案或者向有关单位反映，愿意让被收买妇女返回原居住地，或者将被收买儿童送回其家庭，或者将被收买妇女、儿童交给公安、民政、妇联等机关、组织，没有其他严重情节的，可以不追究刑事责任。

六、共同犯罪

21. 明知他人拐卖妇女、儿童，仍然向其提供被拐卖妇女、儿童的健康证明、出生证明或者其他帮助的，以拐卖妇女、儿童罪的共犯论处。

明知他人收买被拐卖的妇女、儿童，仍然向其提供被收买妇女、儿童的户籍证明、出生证明或者其他帮助的，以收买被拐卖的妇女、儿童罪的共犯论处，但是，收买人未被追究刑事责任的除外。

认定是否"明知"，应当根据证人证言、犯罪嫌疑人、被告人及其同案人供述和辩解，结合提供帮助的人次，以及是否明显违反相关规章制度、工作流程等，予以综合判断。

22. 明知他人系拐卖儿童的"人贩子"，仍然利用从事诊疗、福利救助等工作的便利或者了解被拐卖方情况的条件，居间介绍的，以拐卖儿童罪的共犯论处。

23. 对于拐卖妇女、儿童犯罪的共犯，应当根据各被告人在共同犯罪中的分工、地位、作用，参与拐卖的人数、次数，以及分赃数额等，准确区分主从犯。

对于组织、领导、指挥拐卖妇女、儿童的某一个或者某几个犯罪环节，或者积极参与实施拐骗、绑架、收买、贩卖、接送、中转妇女、儿童等犯罪行为，起主要作用的，应当认定为主犯。

对于仅提供被拐卖妇女、儿童信息或者相关证明文件，或者进行居间介绍，起辅助或者次要作用，没有获利或者获利较少的，一般可认定为从犯。

对于各被告人在共同犯罪中的地位、作用区别不明显的，可以不区分主从犯。

七、一罪与数罪

24. 拐卖妇女、儿童，又奸淫被拐卖的妇女、儿童，或者诱骗、强迫被拐卖的妇女、儿童卖淫的,以拐卖妇女、儿童罪处罚。

25. 拐卖妇女、儿童,又对被拐卖的妇女、儿童实施故意杀害、伤害、猥亵、侮辱等行为,构成其他犯罪的,依照数罪并罚的规定处罚。

26. 拐卖妇女、儿童或者收买被拐卖的妇女、儿童,又组织、教唆被拐卖、收买的妇女、儿童进行犯罪的,以拐卖妇女、儿童罪或者收买被拐卖的妇女、儿童罪与其所组织、教唆的罪数罪并罚。

27. 拐卖妇女、儿童或者收买被拐卖的妇女、儿童,又组织、教唆被拐卖、收买的未成年妇女、儿童进行盗窃、诈骗、抢夺、敲诈勒索等违反治安管理活动的,以拐卖妇女、儿童罪或者收买被拐卖的妇女、儿童罪与组织未成年人进行违反治安管理活动罪数罪并罚。

八、刑罚适用

28. 对于拐卖妇女、儿童犯罪集团的首要分子,情节严重的主犯,累犯,偷盗婴幼儿、强抢儿童情节严重,将妇女、儿童卖往境外情节严重,拐卖妇女、儿童多人多次、造成伤亡后果,或者具有其他严重情节的,依法从重处罚;情节特别严重的,依法判处死刑。

拐卖妇女、儿童,并对被拐卖的妇女、儿童实施故意杀害、伤害、猥亵、侮辱等行为,数罪并罚决定执行的刑罚应当依法体现从严。

29. 对于拐卖妇女、儿童的犯罪分子,应当注重依法适用财产刑,并切实加大执行力度,以强化刑罚的特殊预防与一般预防效果。

30. 犯收买被拐卖的妇女、儿童罪，对被收买妇女、儿童实施违法犯罪活动或者将其作为牟利工具的，处罚时应当依法体现从严。

收买被拐卖的妇女、儿童，对被收买妇女、儿童没有实施摧残、虐待行为或者与其已形成稳定的婚姻家庭关系，但仍应依法追究刑事责任的，一般应当从轻处罚；符合缓刑条件的，可以依法适用缓刑。

收买被拐卖的妇女、儿童，犯罪情节轻微的，可以依法免予刑事处罚。

31. 多名家庭成员或者亲友共同参与出卖亲生子女，或者"买人为妻"、"买人为子"构成收买被拐卖的妇女、儿童罪的，一般应当在综合考察犯意提起、各行为人在犯罪中所起作用等情节的基础上，依法追究其中罪责较重者的刑事责任。对于其他情节显著轻微危害不大，不认为是犯罪的，依法不追究刑事责任；必要时可以由公安机关予以行政处罚。

32. 具有从犯、自首、立功等法定从宽处罚情节的，依法从轻、减轻或者免除处罚。

对被拐卖的妇女、儿童没有实施摧残、虐待等违法犯罪行为，或者能够协助解救被拐卖的妇女、儿童，或者具有其他酌定从宽处罚情节的，可以依法酌情从轻处罚。

33. 同时具有从严和从宽处罚情节的，要在综合考察拐卖妇女、儿童的手段、拐卖妇女、儿童或者收买被拐卖妇女、儿童的人次、危害后果以及被告人主观恶性、人身危险性等因素的基础上，结合当地此类犯罪发案情况和社会治安状况，决定对被告人总体从严或者从宽处罚。

九、涉外犯罪

34. 要进一步加大对跨国、跨境拐卖妇女、儿童犯罪的打击力度。加强双边或者多边"反拐"国际交流与合作，加强对被跨国、跨境拐卖的妇女、儿童的救助工作。依照我国缔结或者参加的国际条约的规定，积极行使所享有的权利，履行所承担的义务，及时请求或者提供各项司法协助，有效遏制跨国、跨境拐卖妇女、儿童犯罪。

关于进一步做好农村妇女小额信贷工作的意见

妇字〔2007〕45号

各省、自治区、直辖市妇联、农业银行：

农村妇女占我国农业劳动力的65%以上，她们是促进农业经济结构调整、维护农村社会稳定、建设社会主义新农村的重要力量。开展面向广大农村妇女的小额信贷服务，对帮助农村妇女增收致富具有积极意义。多年来，各级妇联与农业银行密切配合、通力合作，积极开展农村妇女小额信贷工作，在促进农村妇女增收致富方面取得了成效，积累了一定的经验。为继续加大对农村妇女的金融扶持力度，贯彻实施银监会发布的《关于银行业金融机构大力发展农村小额贷款业务的指导意见》（简称《指导意见》），支持农村妇女积极投身新农村建设，全国妇联和中国农业银行决定在全国进一步推进农村妇女小额信贷工作，现提出如下意见：

一、进一步增强做好农村妇女小额信贷工作的责任感和使命感

新农村建设是党中央统揽全局、着眼长远作出的重大决策，是落实科学发展观的具体体现，是造福亿万农民的民心工程。如何帮助农村妇女更好地发挥在新农村建设中的生力军作用，支持农村妇女创业发展、脱贫致富，组织引导农村妇女参与发展现代农业和农村二、三产业，是新农村建设过程中需要解决的重要课题，也必将对农村妇女小额信贷工作提出新的要求。资金缺乏是农村妇女参加生产、增收致富的发展瓶颈。资金是

妇女群众最需要、最切实的发展需求，也是加快现代农业建设的必要杠杆之一。实践证明，小额信贷对于农村妇女参与经济建设，提高市场竞争能力和自我发展能力具有积极的作用。各级妇联组织和农业银行要从关注民生的高度，进一步增强推进新农村建设的责任感和使命感。要与时俱进，主动适应农村经济社会发展新形势，以服务新农村建设为中心，以促进农业产业结构调整、农村妇女增收、农村经济发展为目的，进一步强化支农服务意识，提高支农服务水平，不断开辟新途径、实现新突破，推动妇女小额信贷工作深入开展。

二、强化农村妇女小额信贷工作的服务与管理

各级妇联组织和农业银行要明确在农村妇女小额信贷工作中的具体职责，分工合作，确保农村妇女小额贷款放得出、收得回、有效益。

妇联要发挥贴近妇女的工作优势和组织网络优势，从实际出发，做好组织发动、调查摸底、科技培训、推荐承贷户、评选信用户和贷后跟踪服务等工作，不断提高小额信贷的使用效益。要在家庭和妇女中开展诚信教育活动，通过评选"诚信女性"、"信用户"、"信用村"等活动，提高农村妇女和家庭成员的信用意识。要负责建立项目（贷户）库、推荐项目（贷户），帮助申请小额贷款的妇女开展生产、用好资金、增加效益，督促贷款到期收回。

农业银行近期将出台农村个人客户贷款管理等办法，各级行要按照相关办法的规定，在妇联推荐的项目（贷户）库中择优选择农村妇女小额贷款支持对象，并负责贷款的审批、发放和收回。要对借款人是否符合信贷准入标准，是否能够按期还本付息进行把关。要加强基础管理，落实信贷管理责任制，规

范贷款手续，健全贷款台账监测制度，完善贷款担保抵押手续，防范贷款风险，确保贷款的正常使用和到期收回。要合理配置农村信贷资源，在坚持商业可持续发展原则前提下，主动适应农村经济社会发展新形势，转变工作作风，创新贷款方式，改进贷款服务，简化贷款程序，提升服务水平。

在项目（贷户）库确定方面，农行要尊重妇联的项目（贷户）推荐权和认定权；在项目（贷户）选择上，要充分听取妇联的意见，主动沟通协调，及时通报审批进展情况，并做好相关信贷政策的解释与宣传工作。妇联要尊重农行的项目选择权和审批权。

三、区别对待，加大对农村妇女信贷支持力度

农村妇女小额信贷工作要坚持区别对待、同等条件妇女优先原则，在实施银监会《指导意见》的基础上，合理配置农村信贷资源，积极为农村妇女提供金融服务。

一是扩大投放范围，放宽贷款准入条件。将农村妇女小额信贷发放对象拓展到农村妇女种养户、多种经营户、个体工商户以及农村妇女自办的各类微小企业。大力支持农村妇女创办的能带动贫困农户增收的龙头企业和基地，通过"公司+农户"、"基地+农户"、"公司+基地+农户"的形式，鼓励妇女带头人带动更多的妇女走上创业道路。根据农村妇女实际情况，以及承贷人的信用状况、偿债能力和项目经营等情况，在充分考虑贷款安全前提下，适当放宽贷款准入条件，同等条件下优先选择农村妇女或她们的项目作为信贷支持对象，支持她们发展现代农业，提高收入，改善生产生活环境。

二是优化资源配置，简化贷款审批手续。优先为农村妇女发展生产和自办企业配置信贷资源，对辐射带动农户脱贫效果

明显的"女能人"创办的企业，在信贷政策上给予适当倾斜。尽量简化审批流程，开通农村妇女贷款绿色渠道，提高贷款审查效率，缩短贷款审批时间。积极探索对符合放贷条件的农村妇女进行个人信用评定等新的服务方式，在授信额度内实行"一次授信，分次使用、循环放贷"。

三是合理确定额度，灵活确定贷款期限。对个别生产规模大、经营效益佳、信用记录好、资金需求量大的农村妇女或其创办的农村小企业，贷款额度可适当调高。在贷款期限上，由农行根据农业季节特点、生产项目的不同周期和贷款用途以及借款人综合还款能力等合理确定，允许用于传统农业生产的小额贷款跨年度使用。对农村妇女申请的生产周期长、见效慢、收益相对高的林果业、经济作物和特色种植业、养殖业贷款，期限可按信贷政策灵活确定。

四、加强协调，建立推进农村妇女小额信贷工作的长效机制

各级妇联组织和农业银行要发挥各自优势，推进农村妇女小额信贷工作，建立促进农村妇女小额信贷工作的长效机制，共同做好工作。

一要加强部门之间的分工合作，明确各自职责，建立协调机制，提高工作效率，定期研究有关事宜，及时向上级业务部门反馈进展情况。

二要认真做好小额信贷政策的宣传。向政府主管部门和社会各界宣传农村妇女小额信贷工作的成功经验，向妇女群众宣传小额信贷的政策，提高她们对政策的知晓率，帮助她们掌握小额信贷的准入条件和程序，享受政策带来的实惠，为农村妇女小额信贷工作创造良好环境，努力实现经济效益和社会效益的有机统一。

三要规范和完善客户信用档案，做好小额信贷工作的数据统计和情况反馈，对操作中存在的问题，要共同调研分析，研究解决办法。

四要完善激励约束机制，注重培养诚实守信、合法经营、敢闯市场、勤劳致富的新型女农民，大力表彰妇女小额信贷工作中涌现出的信用户、信用村、信用乡（镇），及时总结农村妇女小额信贷工作的成功经验，以点带面，推进农村妇女小额信贷工作又好又快开展。

全国妇联　中国农业银行

2007 年 9 月 14 日

关于完善小额担保贷款财政贴息政策
推动妇女创业就业工作的通知

财金〔2009〕72号

各省、自治区、直辖市、计划单列市财政厅（局）、人力资源社会保障（人事、劳动保障）厅（局）、妇联，财政部驻各省、自治区、直辖市、计划单列市财政监察专员办事处，中国人民银行上海总部、各分行、营业管理部、省会（首府）城市中心支行、大连、青岛、宁波、厦门、深圳中心支行，各国有商业银行、股份制商业银行、中国邮政储蓄银行：

为深入贯彻落实党的十七届三中全会和中央农村工作会议精神，加快实施扩大就业发展战略，进一步完善下岗失业人员小额担保贷款（以下简称小额担保贷款）财政贴息政策，保障妇女发展权利，做好妇女创业就业工作，经国务院同意，现就有关事项通知如下：

一、对符合现行小额担保贷款申请人条件的城镇妇女，小额担保贷款经办金融机构（以下简称经办金融机构）新发放的个人小额担保贷款最高额度为8万元，还款方式和计、结息方式由借贷双方商定。对符合条件的妇女合伙经营和组织起来就业的，经办金融机构可将人均最高贷款额度提高至10万元。农村妇女贷款额度参照城镇妇女执行，申请人具体条件由各省（自治区、直辖市）财政部门、人力资源社会保障部门、中国人民银行分支机构、妇联组织共同确定。

二、自2009年1月1日起，经办金融机构对符合条件的城镇和农村妇女新发放的微利项目小额担保贷款，由中央财政据实全额贴息（不含东部七省市），展期逾期不贴息。东部七省市贴息资金由地方财政预算安排。本通知印发之日前已经发放、尚未还清的贷款，已结息部分不作追溯调整。

三、妇联组织要充分发挥贴近基层、贴近妇女、贴近家庭的优势，做好农村妇女申请小额担保贷款登记服务，协助经办担保机构和金融机构做好个人资信评估、贷款发放和回收工作，切实防范和控制贷款风险。对妇联组织推荐的借款人，财政部门和人力资源社会保障部门要督促经办担保机构和金融机构简化程序，缩短审批时间，尽快办理担保和贷款发放手续。经办担保机构原则上不要求借款人提供反担保。

四、农村妇女按照自愿原则向当地妇联组织申请小额担保贷款，并经人力资源社会保障部门审核。妇联组织应对借款人申请进行调查，深入了解借款人的生产生活状况，对借款人的贷款需求和信用状况进行评估，按照审慎原则出具贷款推荐意见。对符合条件的借款人，妇联组织应及时提交经办担保机构和金融机构审核。

五、各地人力资源社会保障部门要在现有社区劳动保障平台的基础上，积极探索发挥妇联组织在促进城镇妇女小额担保贷款发放中的作用，进一步做好城镇失业妇女申请小额担保贷款登记服务工作。城镇妇女可以向当地妇联组织申请小额担保贷款，并经人力资源社会保障部门审核。

六、妇联组织要配合人力资源社会保障部门、经办担保机构和金融机构，做好贷前服务、贷中管理和贷后核查工作。加大创业就业妇女培训力度，指导妇女选择合适的创业项目，跟踪项目实施，做到家庭情况清、贷款项目清、贷款数额清、还贷能力清，积极帮助解决承贷妇女困难，切实增强妇女创业就业和增收致富能力。

七、各地财政部门、人力资源社会保障部门、中国人民银行分支机构要高度重视妇女小额担保贷款工作，切实利用妇联组织的组织优势、宣传优势和载体优势，落实好小额担保贷款政策，做好妇女创业就业工作。各级财政部门要对当地妇联组织开展小额担保贷款工作给予经费保障。

八、对基础管理工作扎实、贷款管理工作尽职、小额担保推荐贷款回收率高的妇联组织，纳入现行小额担保贷款奖励机制，由省级财政部门会同人力资源社会保障部门、中国人民银行分支机构、妇联组织等确定考核和奖励标准。奖励资金用于地方各级妇联组织的工作经费补助。

九、各地财政部门、人力资源社会保障部门、中国人民银行分支机构、妇联组织要加强部门沟通协作，建立基层妇联组织小额担保贷款工作联动机制。省级妇联组织要加强对基层妇联组织的考核管理，及时总结地方各级妇联组织开展小额担保贷款工作的好经验、好做法，逐步建立和完善有效的激励约束机制。

请各地财政部门联合当地人力资源社会保障部门、中国人民银行分支机构将本通知速转发至行政区域内相关金融机构。

财政部　人力资源社会保障部
中国人民银行　中华全国妇女联合会
二〇〇九年七月二十七日

国家卫生计生委关于做好新形势下
妇幼健康服务工作的指导意见

国卫妇幼发〔2014〕32号

各省、自治区、直辖市卫生计生委（卫生厅局、人口计生委），新疆生产建设兵团卫生局、人口计生委：

党的十八届三中全会决定，启动实施一方是独生子女的夫妇可生育两个孩子的政策（以下简称单独两孩政策）。实施单独两孩政策后，累积生育需求集中释放，出生人口数量有所增加，高龄孕产妇比例有所增高，妇幼健康服务的数量、质量和服务资源都将面临新挑战。为贯彻《中共中央国务院关于调整完善生育政策的意见》（中发〔2013〕15号）和《全国人民代表大会常务委员会关于调整完善生育政策的决议》，适应新形势新要求，进一步做好妇幼健康服务工作，保障单独两孩政策顺利实施，现提出以下意见：

一、加强组织领导，强化保障措施

（一）落实组织领导责任。各地要充分认识做好妇幼健康服务保障单独两孩政策实施的重要性和紧迫性，加强组织领导，强化统筹协调，保障工作经费，确保服务到位。各级卫生计生行政部门要将保障母婴安全放在卫生计生工作的突出位置，指导提供助产技术服务的医疗机构设立产科安全管理办公室，由分管业务工作的机构负责人具体负责，加强质量安全管理，协调建立高危孕产妇救治、转诊等机制。加大医疗机构内部挖潜，扩充产科床位，重点提高妇产科、儿科服务能力。

（二）做好预案准备。省级卫生计生行政部门要将妇幼健康服务保障措施纳入单独两孩政策实施方案统筹考虑。要深入分析单独两孩政策实施对妇幼健康服务的影响，开展服务资源调查，迅速摸清底数，针对服务缺口，明确工作措施，尽快研究制订工作方案。各级卫生计生行政部门要根据各自职责，公布经批准开展助产技术、产前诊断技术的医疗机构名单。有条件的地区，要动态公布孕产妇保健建册（卡）和产科床位使用情况，引导群众合理选择助产机构，有序就诊。

（三）加强服务设施建设。各省（区、市）要将妇幼健康服务机构建设作为启动实施单独两孩政策的配套措施，加大经费投入，加快"十二五"妇幼健康服务机构建设项目执行进度。在"十三五"卫生计生事业发展规划编制中，将妇幼健康服务机构建设作为重点支持内容，切实改善业务用房和装备条件，确保尽快在省、市、县三级均建成1所政府举办、标准化的妇幼健康服务机构，实现《两纲》任务目标。大力加强综合医院妇产科、儿科建设，加强妇产、儿童专科医院建设，提高妇产科、儿科临床专科能力，推动区域妇产、儿童医疗中心建设。

（四）配强妇幼技术人员。各级卫生计生行政部门要指导医疗机构强化助产士、儿科医师与护士等紧缺人员岗位配置。在职称评定、薪酬分配方面对妇产科、儿科医师、助产士及护士等给予政策倾斜，切实改善人员待遇。结合妇幼保健和计划生育技术服务资源整合，全面落实妇幼健康服务机构编制，建立人才激励机制，吸引高素质人才，打造过硬技术队伍，培养一批学科带头人。启动大学本科助产专业招生培养试点工作。改革助产士职称评定制度，加快助产专业人才队伍建设。加大培训力度，设立助产技术培训基地，深入实施"降消"项目和卫生人才培训项目，加强孕产妇和新生儿危急重症救治能力建设，积极开展岗位练兵、技能竞赛等活动，组织好全国妇幼健康技能竞赛，全面提高妇幼健康整体服务水平。

二、提供优质服务，适应群众需求

（五）做好宣传与健康教育。各地要以计划怀孕夫妇、孕产妇和哺乳期妇女为重点人群，以科学备孕、孕前优生、孕产期保健、产前筛查诊断、安全分娩、儿童保健、计划生育为重点内容，充分利用电视、广播、报刊、微博、微信等媒体，以群众喜闻乐见的形式，做好政策宣传，加强政策解读，普及健康知识，及时回应社会关切，积极倡导自然分娩和母乳喂养。有条件的医疗机构可设置单独两孩生育服务咨询室，积极做好符合政策夫妇生育咨询、指导和服务。

（六）提供便民优质服务。针对高龄孕产妇增多的特点，加强孕产妇系统管理，有针对性地加强妇幼健康服务。深化孕产妇、儿童预约诊疗服务，优化门、急诊环境和服务流程，广泛开展便民门诊服务。开展服务对象满意度调查，不断改进医疗保健服务。全面推行医疗机构院务公开制度，通过设置意见箱、开通热线电话和网上信箱等多种形式，畅通投诉举报渠道，主动接受社会监督。按照规定时限及时签发《出生医学证明》，推进信息化管理。加强对基层医疗卫生机构的业务指导，督促落实孕产期保健、儿童保健基本公共卫生服务项目和免费基本计划生育技术服务。

（七）加强高危孕产妇和新生儿管理。医疗机构在为经产妇建立孕产妇保健册（卡）时，要认真询问既往生育史、难产史、避孕史，详细进行体格检查。按照《孕产期保健工作规范》和《全国儿童保健工作规范（试行）》要求，特别关注高龄孕产妇和剖宫产后再孕妇女，筛查危险因素，识别高危孕妇和新生儿，进行高危孕产妇专案管理，密切监测、治疗妊娠合并症和并发症，加强高危新生儿访视，强化主动服务，及时救治转诊危重孕产妇和新生儿。各地要加快辖区危重孕产妇和新生儿救治中心建设，建立健全快速、高效的危重孕产妇和新生儿转诊、会诊网络，健全运行管理机制，确保有效衔接和绿色通道畅通。

（八）强化出生缺陷综合防治。结合孕前、孕产期和新生儿医疗保健服务，全面落实出生缺陷综合防治措施。积极推进国家免费孕前优生项目，确保项目质量，鼓励地方将孕前优生项目扩大到城市，加快实现城乡居民全覆盖。扎实做好增补叶酸预防神经管缺陷项目和贫困地区新生儿疾病筛查项目，推进地中海贫血防控试点项目，逐步拓展项目覆盖面。加强产前诊断能力建设，不断提高产前筛查和产前诊断水平。通过综合防治，切实提高出生人口素质。

三、强化服务管理，确保质量安全

（九）强化服务监管。强化母婴保健和计划生育监督执法，严格机构、人员准入，规范与妇幼健康相关的医疗保健服务。以助产技术、人类辅助生殖技术和儿童医疗保健服务管理为重点，建立定期巡查和不定期抽查制度。医疗机构要落实医疗质量安全核心制度，健全医疗质量管理与控制体系，严格规范诊疗服务行为。要认真落实《加强产科安全管理的十项规定》、《医疗机构新生儿安全工作管理制度》和《进一步规范母乳代用品宣传和销售行为的通知》等要求，严格控制剖宫产率，积极倡导母乳喂养，严格禁止非医学需要的胎儿性别鉴定和选择性别的人工终止妊娠。

（十）建立监测预警机制。各省（区、市）卫生计生行政部门要以大中城市和流动人口流入较多的地区为重点，建立妇幼健康服务监测预警机制，及时、动态了解产科门急诊量、孕产妇保健建册（卡）量、产科床位使用率、活产数、孕产妇死亡率、婴儿死亡率等情况，科学划定预警线，制订有针对性的风险防控措施和应急预案，加强产科、儿科急救设备配备和储备，提高应急保障能力，切实保障母婴安全。

各地要将工作进展情况及时向我委报告，我委将适时组织督查。

国家卫生计生委

2014 年 5 月 28 日

西藏自治区实施《中华人民共和国妇女权益保障法》办法

西藏自治区人民代表大会常务委员会公告

〔2017〕11 号

《西藏自治区实施〈中华人民共和国妇女权益保障法〉办法》已由西藏自治区第十届人民代表大会常务委员会第三十五次会议于 2017 年 7 月 28 日修订通过，现予公布，自 2018 年 1 月 1 日起施行。

特此公告

西藏自治区人民代表大会常务委员会

2017 年 8 月 1 日

（1994 年 8 月 18 日西藏自治区第六届人民代表大会常务委员会第十次会议通过；根据 1997 年 3 月 29 日西藏自治区第六届人民代表大会常务委员会第二十三次会议修正；根据 2009 年 11 月 27 日西藏自治区第九届人民代表大会常务委员会第十三次会议修订；根据 2017 年 7 月 28 日西藏自治区第十届人民代表大会常务委员会第三十五次会议修订）

第一章 总 则

第一条 为了保障妇女的合法权益，促进男女平等，推动妇女事业发展，根据《中华人民共和国妇女权益保障法》和相关法律法规，结合自治区实际，制定本办法。

第二条　保障妇女的合法权益是全社会的共同责任。自治区行政区域内的国家机关、社会团体、企业事业单位、城乡基层群众性自治组织和其他组织应当依照有关法律和本办法的规定，保障妇女的合法权益。

第三条　县级以上人民政府负责本行政区域内的妇女权益保障工作，并将妇女事业发展所需经费列入本级财政预算，为妇女依法行使权利提供必要的条件。

县级以上人民政府有关部门应当按照各自的职责，保障妇女的合法权益。

乡镇人民政府和街道办事处应当明确妇女权益保障工作的人员，指导城乡基层群众性自治组织做好妇女权益保障工作。

第四条　县级以上人民政府妇女儿童工作委员会是具体负责本行政区域内妇女权益保障工作的机构，其主要职责：

（一）组织宣传男女平等基本国策以及涉及保障妇女权益的法律、法规、规章和公共政策，检查、督促有关法律、法规、规章和公共政策的贯彻实施；

（二）研究妇女权益保障工作的重大事项，参与涉及妇女权益保障的法规、规章和公共政策的制定；

（三）协调、督促和指导有关部门做好妇女权益保障工作；

（四）督促有关部门依法查处侵害妇女权益的行为；

（五）表彰、奖励在妇女权益保障工作中成绩显著的组织和个人；

（六）其他应当由妇女儿童工作委员会履行的职责。

第五条　各级妇女联合会依照法律、法规和《中华全国妇女联合会章程》，代表和维护妇女的利益，协助有关部门检查、监督保障妇女权益的法律、法规和政策的执行，提出保障妇女合法权益的意见和建议，做好维护妇女权益各项工作。

工会、共产主义青年团、残疾人联合会等人民团体应当在各自的工作职责范围内，做好维护妇女权益工作。

第六条 制定地方性法规、政府规章、公共政策以及决定重大事项涉及妇女权益的，应当听取妇女联合会的意见。

自治区法规政策性别平等评估委员会应当组织妇女代表、专家和相关部门，进行性别平等方面的评估。评估结果作为制定地方性法规、政府规章和公共政策的参考。

第七条 各类媒体应当开展男女平等、保障妇女权益的公益宣传。

第二章 政治权利

第八条 国家机关、社会团体、企业事业单位和其他组织，应当保障妇女参加管理国家和社会事务的政治权利。

第九条 各级人民代表大会的代表中，应当有适当数量的妇女代表，并逐步提高比例。

各级人民代表大会常务委员会以及乡镇人民代表大会主席团组成人员中，应当有一定比例的妇女。

第十条 村（居）民委员会成员中，应当有女性成员；村（居）民代表会议，女性代表所占比例不低于会议代表总数的三分之一。

村（居）民会议或者村（居）民代表会议，在讨论决定涉及妇女权益事项时，应当征求本级妇女组织的意见。

第十一条 职工代表大会中妇女代表应当占本单位女职工

总人数的百分之二十以上。

第十二条 县级以上人民政府及其有关部门、乡镇人民政府和街道办事处等国家机关领导人员中应当有女性成员；各级部门领导班子中，担任正职的女干部应当有适当数量。

社会团体、企业事业单位应当重视培养、选拔女干部和女专业技术人员，逐步提高妇女在领导和管理岗位中的比例。

有关部门应当制定培养妇女干部规划，建立完善有利实现性别平等的选拔任用女干部的机制。

各级妇女联合会以及工会女职工委员会等妇女组织，可以向国家机关、社会团体、企业事业单位推荐女干部，有关部门和单位应当重视其推荐意见。

第十三条 国家机关、社会团体、企业事业单位在评选表彰各类先进时，应当重视符合条件的优秀女性。

县级以上人民政府表彰劳动模范，应当有一定比例的妇女；女职工较多的行业，妇女所占比例应当相应提高。

对获得三八红旗手称号的妇女，其所在单位应当给予奖励。

第三章　文化教育权益

第十四条 国家机关、社会团体、企业事业单位和其他组织应当保障妇女享有与男子平等的接受教育和开展文化体育活动的权益。

第十五条 各级人民政府教育行政部门、学校和未成年人的监护人应当依法履行各自职责，保障女性适龄儿童完成九年义务教育。

教育行政部门和学校在招生时，应当执行国家和自治区的有关规定，除特殊专业外，不得以性别为由拒绝录取女性或者不得提高女性的录取标准。

第十六条 县级以上人民政府应当根据城乡妇女的不同特点和需要，开展妇女成人教育、职业教育、社区教育，建立妇女终身教育体系。鼓励和支持妇女组织、企业事业单位、社会组织为妇女就业举办适合妇女特点的实用技能培训。

用人单位应当有计划地对女职工进行岗位技能培训；重视培养女性专业人才，在评审科研项目、派出学习深造和安排继续教育等方面，应当坚持男女平等原则，不得歧视女性。

第十七条 县级以上人民政府及其有关部门应当重视和加强家庭教育工作，提供家庭教育服务；鼓励和支持社会力量开展家庭教育服务，发挥妇女在弘扬家庭美德、树立良好家风方面的独特作用。

第十八条 公共卫生服务组织应当开展妇女生理、心理卫生知识的宣传教育。

学校、幼儿园应当加强学生、幼儿的生理、心理卫生和自我保护教育，引导其正确认识性别现象，树立性别平等意识。

第四章 劳动和社会保障权益

第十九条 各级人民政府应当保障妇女享有与男子平等的劳动和社会保障权益。

第二十条 各级人民政府及其有关部门应当完善保障妇女平等就业的政策措施，并将妇女就业纳入整体就业规划，对就业困难的妇女提供必要的就业指导和援助。鼓励和扶持妇女创业。

各级人民政府及其有关部门应当为残疾妇女、生活困难的单亲母亲等提供就业援助。政府设立的公益性岗位，在同等条件下，应当优先安置就业困难的妇女。

第二十一条　用人单位在招用聘用人员时，应当向妇女提供平等的就业机会和职业待遇，除国家规定的不适合妇女的工种或者岗位外，不得提高对妇女的招用聘用标准或者设置排斥妇女平等就业的条件，不得以性别为由拒绝、限制招用聘用妇女。

第二十二条　用人单位与女性劳动者签订的劳动（聘用）合同或者服务协议，应当有女职工劳动保护事项，不得有限制女职工结婚、生育的内容。

用人单位对女职工的特殊保护，可以与女职工方共同协商，签订专项合同。

第二十三条　用人单位应当严格遵守和执行国家在劳动保护、妇女保健和社会保险等方面的规定，改善女职工劳动安全和卫生条件，提供劳动保障措施，逐步提高医疗卫生保健水平。

用人单位不得安排女职工从事国家规定的禁忌劳动作业和在经期、孕期、哺乳期禁忌从事的劳动作业。

第二十四条　县级以上人民政府应当加大对生育保障的投入，逐步完善生育保险制度，全面推行住院分娩。

县级以上人民政府应当对享受城乡最低生活保障的孕产妇提供必要的生育救助。

第二十五条　县级以上人民政府应当建立城乡妇女的常见病普查和乳腺癌、宫颈癌的筛查制度。

用人单位应当至少每年为女职工免费进行一次常见病普查和乳腺癌、宫颈癌的筛查。有条件的单位应当增加普查、筛查次数和项目。

用人单位应当定期为女职工进行职业病健康检查。

第二十六条　对有经济困难需要法律援助或者司法救助的妇女，法律援助机构或者人民法院应当依法为其提供法律援助或者司法救助。

第五章　财产权益

第二十七条　国家机关、社会团体、企业事业单位和其他组织，应当依法保障和维护妇女享有与男子平等的财产权益。

夫妻双方对共同财产享有平等的占有、使用、收益和处分权利，任何人不得因女方无劳动收入、劳动收入少或者其他理由，限制或者剥夺女方依法享有的财产权利。

第二十八条　村民会议、村民代表会议制定的村民自治章程、村规民约中不得有歧视妇女的内容。在讨论决定土地权益等事项时，不得以妇女未婚、结婚、离婚、丧偶为由，侵害妇女在农村土地承包经营、集体收益分配、股权分配、土地征收补偿费使用分配以及宅基地分配、使用等方面依法享有的与男子平等的权益。

在农村土地征收补偿过程中，任何单位、组织和个人不得截留、拖欠、剥夺妇女依法应当获得的土地征收补偿费用。

第二十九条　农村土地承包期内，妇女结婚，在新居住地未取得承包地的，发包方不得调整、收回其原承包地；妇女离婚或者丧偶，仍在原居住地生活或者不在原居住地生活但在新居住地未取得承包地的，发包方不得收回其原承包地。

第三十条　农村集体产权制度改革中，农村妇女应当与男子平等获得农村集体经济组织成员身份，平等享有资产份额。不得因未婚、结婚、离婚、丧偶等为由剥夺女性农村集体经济组织成员的身份。

第三十一条　夫妻在办理房屋所有权证、土地使用权证、土地承包经营权证、林权证以及其他共有权属证书时，可以申请联名登记，登记机构应当予以办理。

第三十二条　任何组织和个人不得以妇女未婚、结婚、离婚、丧偶为由阻挠或者强迫妇女迁移户籍。

第六章　人身权利

第三十三条　国家机关、社会团体、企业事业单位和其他组织，应当依法保障和维护妇女享有与男子平等的人身权利。

第三十四条　各级人民政府在城市基础设施建设和提供公共服务时，应当保障妇女的特殊需要。

新建、改建、扩建机场、车站、商场、医院和文化体育等大型公共场所，应当按照规定配建保护女性隐私、满足妇女需要的母婴室和女厕厕位等女性专用设施。

第三十五条　禁止利用与女性未成年人的教养关系对其实施性侵害。父母和其他负有监护责任的单位、个人应当依法履行对女性未成年人的监护职责，学校、幼儿园应当承担教育管理和保护职责。

第三十六条　任何单位和个人不得以任何理由非法检查、搜查妇女身体。

第三十七条　禁止组织、胁迫、诱骗、利用女性从事街头乞讨等损害其身心健康的行为。

第七章　婚姻家庭权益

第三十八条　国家机关、社会团体、企业事业单位和其他组织，应当依法保障和维护妇女享有与男子平等的婚姻家庭权益。

第三十九条 夫妻关系被依法解除后，任何人不得干扰女方的正常生活，不得阻挠对子女的探望权。

第四十条 家庭成员之间应当相互尊重，建立男女平等、夫妻和睦、文明健康的家庭关系。禁止对共同生活的妇女实施任何形式的家庭暴力。

第四十一条 国家机关、社会团体、企业事业单位和村（居）民委员会以及其他组织，按照各自职责，应当积极开展预防和制止家庭暴力的法治教育，共同做好反家庭暴力工作。

第四十二条 公安机关接到家庭暴力报案后，应当及时出警制止家庭暴力，按照有关规定调查取证，协助受害人就医、鉴定伤情。

民政部门应当在救助管理机构设立临时庇护场所，为家庭暴力的受害妇女提供临时生活帮助。

法律援助机构应当依法为受害妇女提供法律援助；单位、村（居）民委员会、社区、村（居）民小组对家庭暴力行为，应当予以劝阻、调解，并协助报警或者提供其他形式的帮助。

妇女组织和其他社会团体对有需要的受害妇女，进行法律咨询、心理疏导服务并协助公安、司法机关调查处理。

司法机关对家庭暴力加害人在诉讼期间，继续施暴或者以暴力相威胁，妨碍诉讼正常进行的，应当及时采取强制措施。

鼓励社会组织和个人为受害妇女提供必要的帮助。

第八章　法律责任

第四十三条 妇女的合法权益受到侵害的，受侵害妇女有权要求有关部门依法处理或者向人民法院起诉。

第四十四条　妇女的合法权益受到侵害的，可以向妇女组织投诉，妇女组织应当维护被侵害妇女的合法权益，有权要求有关部门或者单位查处；对造成严重后果的，妇女儿童工作委员会可以向有关部门发出调查处理意见书。有关部门应当依法查处，并反馈处理结果。

第四十五条　违反本办法第十五条第二款、第十六条第二款、第二十一条、第二十二条第一款、第二十三条第二款规定的，由其行政主管部门依法责令其改正。

第四十六条　村民自治章程、村规民约以及村民会议或者村民代表会议决定中有侵害妇女合法权益内容的，由乡镇人民政府责令其改正。

第四十七条　违反本办法规定，应当给予处罚的其他行为，依照有关法律、法规予以处罚；造成财产损失或者其他损害的，依法承担民事责任；涉嫌犯罪的，移交司法机关处理。

第九章　附　则

第四十八条　本办法自 2018 年 1 月 1 日起施行。1994 年 8 月 18 日西藏自治区第六届人民代表大会常务委员会第十次会议通过的西藏自治区实施《中华人民共和国妇女权益保障法》办法同时废止。

河北省妇女权益保障条例

（2017年7月28日河北省第十二届人民代表大会
常务委员会第三十一次会议通过）

第一章 总 则

第一条 为了保障妇女的合法权益，促进男女平等，根据《中华人民共和国妇女权益保障法》等法律、行政法规，结合我省实际，制定本条例。

第二条 本省行政区域内妇女的政治、经济、文化教育、社会、人身、婚姻家庭等权益保障，适用本条例。

第三条 保障妇女的合法权益是全社会的共同责任。

全社会应当加强男女平等基本国策的宣传教育，树立男女平等意识，尊重妇女，为妇女平等共享社会发展成果、发展资源和发展机会，创造良好的社会环境，促进妇女事业的良性发展。

第四条 县级以上人民政府领导本辖区的妇女权益保障工作，贯彻落实有关妇女权益保障的法律、法规，依法制定本区域内妇女权益保障的政策和措施。

县级以上人民政府发展改革、人力资源和社会保障、民政、农业、教育、卫生计生、公安等行政管理部门，应当在各自职责范围内做好妇女权益保障工作。

乡（镇）人民政府和城市街道办事处，应当配备专职人员负责本区域的妇女权益保障工作。

第五条 县级以上人民政府应当制定妇女发展规划，并纳入本地区国民经济与社会发展规划。

各级人民政府应当将妇女权益保障工作经费纳入本级政府预算。

各级人民政府可以通过政府购买服务等方式，为保障妇女合法权益提供专业服务。

鼓励国家机关、社会团体、企业事业单位、其他组织或者个人，通过捐资助学、教育培训、扶贫救助等方式，开展保障妇女权益的各种公益慈善活动。

第六条 国家机关、社会团体、企业事业单位、村民委员会、居民委员会和其他组织，应当依照本条例和有关法律的规定，制定和落实妇女权益的各项保障制度和措施，保障妇女享有与男子平等的权利和依法享有的特殊权益。

第七条 各级妇女联合会应当按照法律、法规和《中华全国妇女联合会章程》的规定，代表和维护妇女权益，促进妇女事业发展，协助同级人民政府做好妇女权益保障工作。

妇女联合会应当依法依章程对求助妇女提供热线解答、法律援助、紧急解困等维权服务。

第八条 建立政策法规性别平等评估机制。制定地方性法规、政府规章和规范性文件涉及妇女权益的，应当组织相关部门、专家进行性别平等评估。

第九条 每年三月八日所在的周为维护妇女合法权益宣传周。

第二章 政治权利

第十条 国家机关、社会团体、企业事业单位和其他社会组织，应当依法保障妇女参与国家管理和社会事务的政治权利，确保妇女在人民代表大会、职工代表大会、村民代表会议、居民代表会议等组织中的人数不低于法定比例。

第十一条 地方各级人民代表大会在换届选举时，妇女代表候选人的比例一般不低于候选人总数的百分之二十五，并采取措施逐步提高妇女代表的比例。

地方各级人民代表大会常务委员会组成人员中应当有适当数量的女性成员。

村民委员会、居民委员会成员中应当有适当数量的女性成员。

村民代表会议、居民代表会议中妇女代表应当占会议组成人员的三分之一以上。

第十二条 县级以上人民政府及其部门领导人员中，应当至少有一名女性成员；乡（镇）人民政府、街道办事处领导人员中，应当至少有一名女性成员。

妇女比较集中单位的领导人员中，女性成员的比例应当适当提高；鼓励在社会团体、企业事业单位领导人员中，配备女性成员。

第十三条 各级妇女联合会及其团体会员可以向国家机关、社会团体、企业事业单位和其他组织推荐妇女干部，有关单位应当重视推荐意见，有计划地培养、任用妇女干部。

第十四条 各级人民政府应当鼓励和支持妇女开展多种形式的参政议政活动，拓宽妇女参与决策和管理的渠道。在制定涉及公众利益和妇女权益的重大决策时，应当充分听取女人大代表、女政协委员和妇女群众的意见和建议。

第三章 经济权益

第十五条 实行男女同工同酬。国家机关、社会团体、企事业单位和其他组织，应当依法保障妇女享有与男子平等的劳动就业、社会保障、工资福利等劳动与社会保障权益。

第十六条　县级以上人民政府及有关部门应当完善保障妇女平等就业的政策，促进妇女就业。

各级人民政府和有关部门应当鼓励和扶持妇女自主创业、自谋职业。

政府设立的公益性岗位，在同等条件下，应当优先安置就业困难的妇女。

第十七条　用人单位在招聘员工时，应当保障妇女享有与男子平等的就业机会和职业待遇，不得以性别为由拒绝录用妇女或者提高对妇女的录用标准。

第十八条　劳动保障行政部门应当将用人单位招聘员工过程中的性别歧视行为纳入劳动保障监察范围，并将企业遵守女性就业和特殊保护政策的情况纳入企业劳动保障守法诚信档案。

第十九条　对在员工招聘和录用过程中存在歧视女性问题的单位，所在地的妇女联合会可以约谈其主要负责人，并督促指导用人单位在约定期限内纠正歧视女性的制度和行为；必要时，妇女联合会可以邀请劳动保障行政部门、媒体等相关组织参与约谈，并下达整改意见书。

对用人单位存在歧视女性问题拒不改正的，可视情况将其纳入不良记录名单。

第二十条　用人单位应当根据女职工生理特点和所从事职业的特点，建立健全女职工劳动保护和安全生产制度，改善劳动条件，防止职业危害，为女职工提供符合安全和职业卫生要求的工作场所和条件。

女职工在孕期、产期、哺乳期内，劳动（聘用）合同期满或者约定的终止条件出现时，用人单位应当将劳动（聘用）合同延续至孕期、产期、哺乳期期满为止。女职工要求终止的除外。

对于在经期、孕期、产期、哺乳期的女职工，不得安排不适合其从事的工作和劳动。

第二十一条 国家机关、社会团体、企业事业单位和其他组织，应当采取措施预防和制止针对女职工的性骚扰。受害女职工有权向所在单位、公安机关及相关部门报告，受理的单位和部门应当作出处理。

第二十二条 村民会议、村民代表会议、村民委员会在讨论决定土地承包经营、集体经济组织收益分配、土地征收或者征用补偿费使用、宅基地使用、集体资产折股量化等事项时，不得以妇女未婚、结婚、离婚、丧偶等为由，侵害妇女享有的与男子平等的权益。

任何单位、组织或者个人不得截留、拖欠、剥夺妇女依法应当获得的土地征收、征用补偿费。

结婚后户口仍在原农村集体经济组织所在地，或者离婚、丧偶后户口仍在男方家所在地，并履行集体经济组织章程义务的妇女，在土地承包经营、集体经济组织收益分配、土地征收或者征用补偿费使用、宅基地使用、集体资产折股量化等方面，享有与本农村集体经济组织其他成员平等的权益。

符合生育规定且户口与妇女在同一农村集体经济组织所在地的子女，履行集体经济组织章程义务的，享有前款规定的各项权益。

第二十三条 村民自治章程、村规民约以及村民会议或者村民代表会议的决定不得剥夺或者侵害妇女的合法权益。

第二十四条 在集体经济组织中，以家庭为单位分配的财产，妇女享有同男性同等的占有、使用、收益和处分的权利，其他家庭成员不得以任何理由加以限制或者剥夺。

第二十五条 妇女享有与男子平等的财产继承权。在同一顺序的法定继承人中，不得歧视妇女。丧偶妇女有权处分继承所得财产，任何人不得干涉。

第四章 文化教育权益

第二十六条 国家机关、社会团体、企业事业单位和其他组织，应当依法保障妇女享有与男子平等的文化教育权利。

国家机关、社会团体、企业事业单位和其他组织，应当组织开展有益于妇女身心健康的文化体育活动，为妇女参加文化体育活动提供必要条件。

教育行政主管部门、学校应当采取措施，保障妇女在招生录取、学业奖励、授予学位、派出留学等方面享有与男子平等的权利。

第二十七条 未成年人的父母或者其他监护人，应当保证适龄女性未成年人接受并完成义务教育。

各级人民政府及其教育行政部门、学校应当创造条件，保障贫困、残疾和流动人口中女性未成年人完成义务教育。

第二十八条 各级人民政府及其有关部门应当根据城乡妇女的需要，开展适合妇女的职业教育和实用技能培训。

鼓励和支持妇女组织、社会团体举办适合妇女特点的实用技能培训，提高妇女的职业技能和综合素质。

第二十九条 医疗卫生机构应当为妇女提供生理、心理卫生知识的宣传教育。

学校应当根据女学生的特点进行心理、生理、卫生保健教育，提供必要的卫生保健设施，保障女学生身心健康。

第三十条 学校、幼儿园应当根据女学生生理发展阶段的特点，开展有针对性的性别知识以及预防性侵犯教育，增强其防范性侵犯的意识和能力。

第三十一条 各级人民政府及其有关部门应当重视和加强家庭教育工作，鼓励和支持社会力量开展家庭教育服务，发挥妇女在弘扬家庭美德、树立良好家风方面的独特作用。

第五章 人身权利

第三十二条 国家机关、社会团体、企业事业单位和其他组织，应当依法保障妇女的人身自由和人格尊严等人身权利不受侵犯，创造维护妇女人身权利的良好社会环境。

第三十三条 县级以上人民政府应当组织公安机关、检察院、法院和民政、教育、卫生计生、妇女联合会、法律援助机构等部门建立制止和预防家庭暴力工作协调机制。

有关部门接到家庭暴力的投诉后，应当对遭受家庭暴力的妇女及时采取保护措施。

第三十四条 妇女遭受家庭暴力向公安机关报案时，公安机关应当及时出警，制止家庭暴力，按照有关规定调查取证。受害妇女需要临时庇护的，公安机关应当通知并协助民政部门将其安置到临时庇护场所。

对家庭暴力案件，公安机关应当作为单独的纠纷类别进行记载和处置。

第三十五条 医疗机构、村民委员会、居民委员会、社会工作服务机构、社会救助机构等部门及其工作人员在工作中发现妇女遭受严重家庭暴力无法报警的，应当及时向公安机关报案。公安机关应当对报案人的信息予以保密。

第三十六条　家庭暴力庇护场所应当及时接受公安机关、妇女联合会等部门护送或者主动寻求庇护救助的受害妇女。

民政部门、救助管理机构、妇女联合会可以通过政府购买服务等方式与社会工作服务、心理咨询等专业机构合作，对受害妇女进行救助和帮扶。

第三十七条　各级人民政府在城市基础设施建设和提供公共服务时，应当贯彻执行国家相应规范标准，保障妇女的基本需要。

新建、改建、扩建机场、车站、港口、大型商场、医院和文化体育等公共服务场所，应当配建保护女性隐私、满足妇女需要的母婴室和公共卫生设施，合理配备女性厕位。

女职工较多的用人单位应当根据国家有关规定，建立孕妇休息室、哺乳室等设施。

第三十八条　公共服务场所的管理者和经营者应当采取措施防止对妇女的性骚扰。在公共服务场所发生性骚扰时，受害妇女有权向公共服务场所的管理者或经营者求助，公共服务场所的管理者和经营者应当立即采取措施，保护受害妇女，保存相关证据，并向公安机关报警。

第三十九条　县级以上人民政府应当采取措施，逐步开展对城镇和农村妇女妇科疾病和乳腺疾病的普查工作。

用人单位应当每两年至少安排女职工进行一次妇科疾病和乳腺疾病的普查。有条件的单位可以增加普查项目和次数。

各级人民政府应当为农村妇女特别是贫困地区的妇女提供必要的卫生保健条件，预防、治疗常见病、多发病和传染病。

第四十条　县级以上人民政府及其有关部门，乡（镇）人民政府，街道办事处，妇女联合会、残疾人联合会等社会团体，村民委员会、居民委员会，应当根据实际情况，对残疾妇女，失能、独居的老年妇女，生活困难的单亲母亲和女性精神障碍患者等，提供必要的生活救助和精神关怀。

全社会应当关注残疾妇女，失能、独居的老年妇女，生活困难的单亲母亲和女性精神障碍患者等特殊妇女群体的权益保障，在物质或者精神上给予必要的帮助。

第六章　婚姻家庭权益

第四十一条　妇女对夫妻共同所有的财产享有与男子平等的知情权、处分权、查询权。

夫妻一方有权向工商行政、不动产登记、车辆登记等部门查询登记在另一方名下的股权、不动产、车辆等夫妻共同所有的财产状况，有关部门应当按照有关规定予以查询并提供书面查询结果。

第四十二条　一方为不能辨认或者不能完全辨认自己行为的妇女的，离婚时男方、亲属以及有关单位应当妥善安排该妇女的生活、治疗和监护，并安排好其未成年子女的生活和学习。

第四十三条　婚姻关系存续期间，女方因抚育子女、照料老人、协助男方工作等承担较多义务的，离婚时可以依法要求男方给予补偿。

夫妻离婚时，女方因患重大疾病等原因造成生活困难的，男方应当给予适当的经济帮助；女方因经济困难无房居住的，可以要求男方提供临时住房或者给予适当资助。

第四十四条　离婚后妇女需要办理户籍迁移手续的，男方应当予以配合。男方不予配合的，妇女可持有法律效力的离婚证明到公安机关办理，公安机关应当办理。

第七章　法律责任

第四十五条　违反本条例规定，国家机关、社会团体及其工作人员在妇女权益保障工作中，有下列行为之一的，直接负责的主管人员和其他直接责任人员依法给予行政处分；构成犯罪的，依法追究刑事责任：

（一）对接到性骚扰报告不予处理的；

（二）对家庭暴力受害妇女未采取保护措施，造成后果的；

（三）对家庭暴力报案人信息未予保密的；

（四）庇护场所未及时接受家庭暴力受害妇女，并提供临时居住场所，造成后果的；

（五）在其他妇女权益保障工作中，未依法履行职责，造成严重后果的。

第四十六条　违反本条例规定，对被约谈的用人单位，在约定期限内拒不改正的，妇女联合会可以通过媒体公布，并报送劳动保障行政部门依法查处，或者向所在地人民法院提起诉讼。

第四十七条　违反本条例规定，村民自治章程、村规民约以及村民会议或者村民代表会议的决定，侵害妇女合法权益的，乡（镇）人民政府应当责令改正，受害妇女也可以向当地人民法院申请予以撤销。

第四十八条　对妇女实施家庭暴力，情节较轻的由公安机关给予批评教育或者出具告诫书；构成违反治安管理行为的，依法给予治安管理处罚；构成犯罪的，依法追究刑事责任。

第四十九条　违反本条例规定，医疗机构、村民委员会、居民委员会、社会工作服务机构、救助管理机构及其工作人员未及时报案的，由上级主管部门或者本单位对直接负责的主管人员和其他直接责任人员依法给予处分。

第五十条　妇女联合会接到侵害妇女合法权益投诉的，应当及时受理，并有权要求和协助有关部门或者单位调查处理。有关部门或者单位应当依法查处，并在六十日内予以反馈。

违反前款规定，有关部门或者单位不予查处和反馈的，妇女联合会有权建议上级主管部门或者责任人所在单位对直接负责的主管人员和其他直接责任人员给予行政处分。

第五十一条　违反本条例规定，侵害妇女合法权益，其他法律、行政法规已有处理规定的，从其规定。

第八章　附　则

第五十二条　本条例自 2017 年 9 月 1 日起施行。《河北省实施〈中华人民共和国妇女权益保障法〉办法》同时废止。

女职工劳动保护特别规定

女职工劳动保护特别规定

中华人民共和国国务院令

第 619 号

《女职工劳动保护特别规定》已经 2012 年 4 月 18 日国务院第 200 次常务会议通过，现予公布，自公布之日起施行。

总理　温家宝

二○一二年四月二十八日

第一条　为了减少和解决女职工在劳动中因生理特点造成的特殊困难，保护女职工健康，制定本规定。

第二条　中华人民共和国境内的国家机关、企业、事业单位、社会团体、个体经济组织以及其他社会组织等用人单位及其女职工，适用本规定。

第三条 用人单位应当加强女职工劳动保护，采取措施改善女职工劳动安全卫生条件，对女职工进行劳动安全卫生知识培训。

第四条 用人单位应当遵守女职工禁忌从事的劳动范围的规定。用人单位应当将本单位属于女职工禁忌从事的劳动范围的岗位书面告知女职工。

女职工禁忌从事的劳动范围由本规定附录列示。国务院安全生产监督管理部门会同国务院人力资源社会保障行政部门、国务院卫生行政部门根据经济社会发展情况，对女职工禁忌从事的劳动范围进行调整。

第五条 用人单位不得因女职工怀孕、生育、哺乳降低其工资、予以辞退、与其解除劳动或者聘用合同。

第六条 女职工在孕期不能适应原劳动的，用人单位应当根据医疗机构的证明，予以减轻劳动量或者安排其他能够适应的劳动。

对怀孕7个月以上的女职工，用人单位不得延长劳动时间或者安排夜班劳动，并应当在劳动时间内安排一定的休息时间。

怀孕女职工在劳动时间内进行产前检查，所需时间计入劳动时间。

第七条 女职工生育享受98天产假，其中产前可以休假15天；难产的，增加产假15天；生育多胞胎的，每多生育1个婴儿，增加产假15天。

女职工怀孕未满4个月流产的，享受15天产假；怀孕满4个月流产的，享受42天产假。

第八条 女职工产假期间的生育津贴，对已经参加生育保险的，按照用人单位上年度职工月平均工资的标准由生育保险基金支付；对未参加生育保险的，按照女职工产假前工资的标准由用人单位支付。

女职工生育或者流产的医疗费用，按照生育保险规定的项目和标准，对已经参加生育保险的，由生育保险基金支付；对未参加生育保险的，由用人单位支付。

第九条 对哺乳未满1周岁婴儿的女职工，用人单位不得延长劳动时间或者安排夜班劳动。

用人单位应当在每天的劳动时间内为哺乳期女职工安排1小时哺乳时间；女职工生育多胞胎的，每多哺乳1个婴儿每天增加1小时哺乳时间。

第十条 女职工比较多的用人单位应当根据女职工的需要，建立女职工卫生室、孕妇休息室、哺乳室等设施，妥善解决女职工在生理卫生、哺乳方面的困难。

第十一条 在劳动场所，用人单位应当预防和制止对女职工的性骚扰。

第十二条 县级以上人民政府人力资源社会保障行政部门、安全生产监督管理部门按照各自职责负责对用人单位遵守本规定的情况进行监督检查。

工会、妇女组织依法对用人单位遵守本规定的情况进行监督。

第十三条 用人单位违反本规定第六条第二款、第七条、第九条第一款规定的，由县级以上人民政府人力资源社会保障行政部门责令限期改正，按照受侵害女职工每人1000元以上5000元以下的标准计算，处以罚款。

用人单位违反本规定附录第一条、第二条规定的，由县级以上人民政府安全生产监督管理部门责令限期改正，按照受侵害女职工每人 1000 元以上 5000 元以下的标准计算，处以罚款。用人单位违反本规定附录第三条、第四条规定的，由县级以上人民政府安全生产监督管理部门责令限期治理，处 5 万元以上 30 万元以下的罚款；情节严重的，责令停止有关作业，或者提请有关人民政府按照国务院规定的权限责令关闭。

第十四条 用人单位违反本规定，侵害女职工合法权益的，女职工可以依法投诉、举报、申诉，依法向劳动人事争议调解仲裁机构申请调解仲裁，对仲裁裁决不服的，依法向人民法院提起诉讼。

第十五条 用人单位违反本规定，侵害女职工合法权益，造成女职工损害的，依法给予赔偿；用人单位及其直接负责的主管人员和其他直接责任人员构成犯罪的，依法追究刑事责任。

第十六条 本规定自公布之日起施行。1988 年 7 月 21 日国务院发布的《女职工劳动保护规定》同时废止。

附录：

女职工禁忌从事的劳动范围

一、女职工禁忌从事的劳动范围：

（一）矿山井下作业；

（二）体力劳动强度分级标准中规定的第四级体力劳动强度的作业；

（三）每小时负重 6 次以上、每次负重超过 20 公斤的作业，或者间断负重、每次负重超过 25 公斤的作业。

二、女职工在经期禁忌从事的劳动范围：

（一）冷水作业分级标准中规定的第二级、第三级、第四级冷水作业；

（二）低温作业分级标准中规定的第二级、第三级、第四级低温作业；

（三）体力劳动强度分级标准中规定的第三级、第四级体力劳动强度的作业；

（四）高处作业分级标准中规定的第三级、第四级高处作业。

三、女职工在孕期禁忌从事的劳动范围：

（一）作业场所空气中铅及其化合物、汞及其化合物、苯、镉、铍、砷、氰化物、氮氧化物、一氧化碳、二硫化碳、氯、己内酰胺、氯丁二烯、氯乙烯、环氧乙烷、苯胺、甲醛等有毒物质浓度超过国家职业卫生标准的作业；

（二）从事抗癌药物、己烯雌酚生产，接触麻醉剂气体等的作业；

（三）非密封源放射性物质的操作，核事故与放射事故的应急处置；

（四）高处作业分级标准中规定的高处作业；

（五）冷水作业分级标准中规定的冷水作业；

（六）低温作业分级标准中规定的低温作业；

（七）高温作业分级标准中规定的第三级、第四级的作业；

（八）噪声作业分级标准中规定的第三级、第四级的作业；

（九）体力劳动强度分级标准中规定的第三级、第四级体力劳动强度的作业；

（十）在密闭空间、高压室作业或者潜水作业，伴有强烈振动的作业，或者需要频繁弯腰、攀高、下蹲的作业。

四、女职工在哺乳期禁忌从事的劳动范围：

（一）孕期禁忌从事的劳动范围的第一项、第三项、第九项；

（二）作业场所空气中锰、氟、溴、甲醇、有机磷化合物、有机氯化合物等有毒物质浓度超过国家职业卫生标准的作业。

附　录

女职工保健工作规定

卫生部　劳动部　人事部　全国总工会　全国妇联

关于颁发《女职工保健工作规定》的通知

卫妇发〔1993〕第 11 号

现将根据卫生部、劳动部、人事部、全国总工会、全国妇联 1986 年联合发布的《女职工保健工作暂行规定（试行草案）》〈86〉卫妇字第 7 号文修改而成的《女职工保健工作规定》发给你们，望认真贯彻执行，《女职工保健工作暂行规定（试行草案）》同时废止。

1993 年 11 月 26 日

第一章　总　则

第一条　为保护女职工的身心健康及其子女的健康发育和成长，提高民族素质，根据《中华人民共和国妇女权益保障法》和《女职工劳动保护规定》，特制定本规定。

第二条　女职工保健工作必须贯彻预防为主的方针，注意女性生理和职业特点，认真执行国家有关保护女职工的各项政策和法规。

第三条 本规定适用于中华人民共和国境内的一切党政机关、人民团体和企业、事业单位。

第二章 组织措施

第四条 本规定由单位分管女职工保健工作的行政领导负责组织本单位医疗卫生、劳动人事部门和工会、妇联组织及有关人员共同实施。

第五条 县（含城市区）以上的各级妇幼保健机构，负责对管辖范围内的各单位实施本规定进行业务指导。

第六条 各单位的医疗卫生部门应负责本单位女职工保健工作。女职工人数在 1000 人以下的厂矿应设兼职妇女保健人员；女职工人数在 1000 人以上的厂矿，在职工医院的妇产科或妇幼保健站中应有专人负责女职工保健工作。

第三章 保健措施

第七条 月经期保健

1. 宣传普及月经期卫生知识。

2. 女职工在 100 人以上的单位，应逐步建立女职工卫生室，健全相应的制度并设专人管理，对卫生室管理人员应进行专业培训。女职工每班在 100 人以下的单位，应设置简易的温水箱及冲洗器。对流动、分散工作单位的女职工应发放单人自用冲洗器。

3. 女职工在月经期间不得从事《女职工禁忌劳动范围的规定》中第四条所规定的作业。

4. 患有重度痛经及月经过多的女职工，经医疗或妇幼保健机构确诊后，月经期间可适当给予 1 至 2 天的休假。

第八条　婚前保健

对欲婚女职工必须进行婚前卫生知识的宣传教育及咨询，并进行婚前健康检查及指导。

第九条　孕前保健

1. 已婚待孕女职工禁忌从事铅、汞、苯、铬等作业场所属于《有毒作业分极》标准中第Ⅲ—Ⅳ级的作业。

2. 积极开展优生宣传和咨询。

3. 对女职工应进行妊娠知识的健康教育，使她们在月经超期时主动接受检查。

4. 患有射线病、慢性职业中毒、近期内有过急性中毒史及其它有碍于母体和胎儿健康疾病者，暂时不宜妊娠。

5. 对有过两次以上自然流产史，现又无子女的女职工，应暂时调离有可能直接或间接导致流产的作业岗位。

第十条　孕期保健

1. 自确立妊娠之日起，应建立孕产妇保健卡（册），进行血压、体重、血、尿常规等基础检查。对接触铅、汞的孕妇，应进行尿中铅、汞含量的测定。

2. 定期进行产前检查、孕期保健和营养指导。

3. 推广孕妇家庭自我监护，系统观察胎动、胎心、宫底高度及体重等。

4. 实行高危孕专案管理，无诊疗条件的单位应及时转院就诊，并配合上级医疗和保健机构严密观察和监护。

5. 女职工较多的单位应建立孕妇休息室。妊娠满 7 个月应给予工间休息或适当减轻工作。

6. 妊娠女职工不应加班加点，妊娠 7 个月以上（含 7 个月）一般不得上夜班。

7. 女职工妊娠期间不得从事劳动部颁发的《女职工禁忌劳动范围的规定》第六条所规定的作业。

8. 从事立位作业的女职工，妊娠满 7 个月后，其工作场所应设立工间休息座位。

9. 有关女职工产前、产后、流产的假期及待遇按 1988 年国务院颁发的《女职工劳动保护规定》（国务院令第 9 号）和 1988 年劳动部《关于女职工生育待遇若干问题的通知》（劳险字〔1988〕2 号）执行。

第十一条　产后保健

1. 进行产后访视及母乳喂养指导。

2. 产后 42 天对母子进行健康检查。

3. 产假期满恢复工作时，应允许有 1 至 2 周时间逐渐恢复原工作量。

第十二条　哺乳期保健

1. 宣传科学育儿知识，提倡 4 个月内纯母乳喂养。

2. 对有未满 1 周岁婴儿的女工，应保证其授乳时间。

3. 婴儿满周岁时，经县（区）以上（含县、区）医疗或保健机构确诊为体弱儿，可适当延长授乳时间，但不得超过 6 个月。

4. 有未满 1 周岁婴儿的女职工，一般不得安排上夜班及加班、加点。

5. 有哺乳婴儿 5 名以上的单位，应逐步建立哺乳室。

6. 不得安排哺乳女职工从事《女职工劳动保护规定》和《女职工禁忌劳动范围的规定》所指出的作业。

第十三条 更年期保健

1. 宣传更年期生理卫生知识，使进入更年期的女职工得到社会广泛的关怀。

2. 经县（区）以上（含县、区）的医疗或妇幼保健机构诊断为更年期综合征者，经治疗效果不显著，且不适应原工作的，应暂时安排适宜的工作。

3. 进入更年期的女职工应每 1 至 2 年进行一次妇科疾病的查治。

第十四条 对女职工定期进行妇科疾病及乳腺疾病的查治。

第十五条 女职工浴室要淋浴化。厕所要求蹲位。

第十六条 建立健全女职工保健工作统计制度。

第四章 监督管理

第十七条 各级卫生行政部门会同同级劳动、人事部门，工会及妇联组织对本规定的实施情况进行监督。

第十八条 凡违反本规定第七条第 3 款第（1）、（2）、（3）项、第十条 7.9 款、第十二条第 2.6 款的单位负责人或直接责任者，可依据《女职工劳动保护规定》第十三条规定进行处理。

第十九条 凡违反本规定其它条款的单位或直接责任者，各级卫生行政部门可根据情节给予警告、通报批评、限期改进的处罚。

第二十条 女职工违反国家有关计划生育规定的，其女职工的保健应当按照国家有关计划生育规定办理。

第五章 附 则

第二十一条 本规定中所称企业，系指全民、城镇集体企业，中外合资、合作、独资企业，农村联户企业，私人企业等。

第二十二条 女职工包括单位固定女职工、合同制女职工、临时女职工。

第二十三条 本规定由中华人民共和国卫生部负责解释。

第二十四条 本规定由颁发之日起实施。

全国妇女联合会法律法规

中华全国妇女联合会章程

（2013 年 10 月 31 日中国妇女第十一次全国代表大会通过）

总　则

中华全国妇女联合会是全国各族各界妇女为争取进一步解放与发展而联合起来的群众组织，是中国共产党领导下的人民团体，是党和政府联系妇女群众的桥梁和纽带，是国家政权的重要社会支柱。

中华全国妇女联合会以宪法为根本的活动准则，依照法律和《中华全国妇女联合会章程》独立自主地开展工作。

中国妇女是建设中国特色社会主义的重要力量。中华全国妇女联合会以马克思列宁主义、毛泽东思想、邓小平理论、"三个代表"重要思想、科学发展观为行动指南。在社会主义初级阶段，妇女联合会要高举中国特色社会主义伟大旗帜，坚持党的基本理论、基本路线、基本纲领、基本经验和基本要求，坚持和发展马克思主义妇女观，贯彻男女平等基本国策，团结、引导广大妇女坚定不移地走中国特色社会主义妇女发展道路，在全面建设小康社会，推进社会主义经济建设、政治建设、文化建设、社会建设和生态文明建设中发挥积极作用，为建设富强民主文明和谐的社会主义现代化国家、实现中华民族伟大复兴的中国梦而奋斗。

中华全国妇女联合会的基本职能是：代表和维护妇女权益，促进男女平等。

第一章　任　务

第一条　团结、动员妇女投身改革开放和社会主义经济建设、政治建设、文化建设、社会建设和生态文明建设，在中国特色社会主义伟大实践中发挥积极作用。

第二条　代表妇女参与国家和社会事务的民主决策、民主管理、民主监督，参与有关法律、法规、规章和政策的制定，参与社会管理和公共服务，推动保障妇女权益法律政策和妇女、儿童发展纲要的实施。

第三条　维护妇女儿童合法权益，倾听妇女意见，反映妇女诉求，向各级国家机关提出有关建议，要求并协助有关部门或单位查处侵害妇女儿童权益的行为，为受侵害的妇女儿童提供帮助。

第四条　教育和引导广大妇女践行社会主义核心价值观，发扬自尊、自信、自立、自强的精神，提高综合素质，实现全面发展。

宣传马克思主义妇女观，推动落实男女平等基本国策，营造有利于妇女全面发展的社会环境。宣传表彰优秀妇女典型，培养、推荐女性人才。

第五条 关心妇女工作生活，拓宽服务渠道，建设服务阵地，发展公益事业，壮大巾帼志愿者队伍，加强妇女之家建设。加强与女性社会组织和社会各界的联系，推动全社会为妇女儿童和家庭服务。

第六条 巩固和扩大各族各界妇女的大团结。加强同香港特别行政区、澳门特别行政区、台湾地区及海外华侨华人妇女、妇女组织的联谊，促进祖国和平统一大业。

第七条 积极发展同世界各国妇女和妇女组织的友好交往，加深了解、增进友谊、促进合作，为维护世界和平作贡献。

第二章 组织制度

第八条 妇女联合会实行全国组织、地方组织、基层组织和团体会员相结合的组织制度。

妇女联合会实行民主集中制。

第九条 全国和地方妇女联合会的领导机构，由同级妇女代表大会选举产生。

妇女联合会基层组织的领导机构由同级妇女代表大会选举产生或由妇女代表推选产生。

第十条 各级妇女代表大会代表名额及产生办法，由各级妇女联合会执行委员会决定。

第十一条 各级妇女联合会执行委员会的产生，要充分体现选举人的意志。选举采取无记名投票方式，可以直接采取差额选举办法进行选举；也可以先采取差额选举办法进行预选，产生候选人名单，再进行等额选举。

第十二条 执行委员应执行妇女代表大会和妇女联合会执

行委员会的决议，积极参加妇女联合会的有关活动，密切联系妇女群众，努力开展妇女工作。在执行委员会闭会期间，执行委员可随时向常务委员会反映有关妇女工作的情况、问题，提出建议。

第十三条 各级妇女联合会常务委员会、执行委员会根据工作需要，可以增补委员。执行委员会委员中专职妇女工作者离开妇女工作岗位后，其执行委员职务自行卸免，替补人选由执行委员会决定。

第十四条 中华全国妇女联合会，省、自治区、直辖市妇女联合会，设区的市、自治州妇女联合会，县、自治县、不设区的市和市辖区妇女联合会，地区妇女联合会，根据工作需要设业务部门。

第三章　全国组织

第十五条 妇女联合会的最高领导机构是全国妇女代表大会和它所产生的中华全国妇女联合会执行委员会。全国妇女代表大会，每五年举行一次，由中华全国妇女联合会执行委员会召集。在特殊情况下，经执行委员会讨论决定，可提前或延期召开。

全国妇女代表大会的职权是：

（一）讨论、决定全国妇女运动方针、任务及重大事项；

（二）审议和批准中华全国妇女联合会执行委员会的工作报告；

（三）修改《中华全国妇女联合会章程》；

（四）选举中华全国妇女联合会执行委员会。

第十六条 全国妇女代表大会闭会期间，中华全国妇女联合会执行委员会贯彻执行全国妇女代表大会的决议，讨论并决定妇女工作中的重大问题和人事安排事项。中华全国妇女联合会执行委员会的全体会议，每年举行一次，由常务委员会召集。

第十七条　中华全国妇女联合会执行委员会的全体会议选举主席一人、专兼职副主席若干人、常务委员若干人，组成常务委员会。

第十八条　中华全国妇女联合会常务委员会是执行委员会闭会期间的领导机构，常务委员会讨论决定妇女工作中的重要问题，定期向执行委员会报告工作，接受监督。常务委员会会议每半年举行一次，在特殊情况下，可提前或推迟召开。

中华全国妇女联合会常务委员会下设书记处，由常务委员会推选第一书记和书记若干人组成，主持日常工作。

第四章　地方组织

第十九条　妇女联合会按照国家的行政区划建立地方各级组织。

第二十条　地方各级妇女联合会的领导机构是地方各级妇女代表大会和它所产生的执行委员会。省、自治区、直辖市，设区的市、自治州，县、自治县、不设区的市和市辖区妇女代表大会，每五年举行一次，由同级妇女联合会执行委员会召集。在特殊情况下，经执行委员会讨论决定，可提前或延期召开。

地方各级妇女代表大会的职权是：

（一）讨论、决定本地区的妇女工作任务；

（二）审议和批准同级妇女联合会执行委员会的工作报告；

（三）选举同级妇女联合会的执行委员会。

第二十一条　地方各级妇女联合会执行委员会在妇女代表

大会闭会期间，执行上级妇女联合会的决定和同级妇女代表大会的决议，定期向上级妇女联合会报告工作，讨论并决定本地区妇女工作的重大问题。地方各级妇女联合会执行委员会全体会议，每年至少举行一次，由同级常务委员会召集。执行委员会选举主席一人、专兼职副主席若干人、常务委员若干人，组成常务委员会，领导本地区妇女联合会的工作。

第二十二条　地方妇女联合会常务委员会是执行委员会闭会期间的领导机构，常务委员会讨论决定妇女工作中的重要问题，定期向执行委员会报告工作，接受监督。常务委员会会议每半年举行一次，在特殊情况下，可提前或推迟召开。

第五章　基层组织

第二十三条　乡镇、街道社区建立妇女联合会。

乡镇、街道社区妇女代表大会，每三至五年举行一次。妇女代表大会闭会期间的领导机构是执行委员会。执行委员会全体会议选举主席一人、专兼职副主席若干人。执行委员会全体会议，一般每年举行一次。

第二十四条　农村的行政村、城市的居民委员会等设立妇女代表会，有条件的行政村可建立妇女联合会。

妇女代表会由居住区域、辖区单位的妇女代表组成，推选主任一人、副主任若干人，负责日常工作。妇女代表会一般每三年举行一次。代表任职期间如有变动，可以补选。

第二十五条　机关和教科文卫等事业单位、社会组织建立妇女委员会或妇女工作委员会。

妇女委员会由本单位妇女大会或妇女代表大会选举产生，每届任期三至五年。妇女委员会全体会议推选主任一人、副主任若干人，负责日常工作。妇女工作委员会委员由妇女代表协商产生。

第二十六条　在居住分散的农村山区、牧区，农、林、渔场，非公有制经济组织，专业市场等女性相对集中的地方，妇女组织的形式从实际出发灵活设置。

第六章　团体会员

第二十七条　企业基层工会女职工委员会及其以上各级工会女职工委员会是妇女联合会的团体会员。

第二十八条　凡在民政部门注册登记的以女性为主体会员的各类为社会、为妇女服务的社会团体，自愿申请，承认本章程，经中华全国妇女联合会或当地妇女联合会同意，可成为妇女联合会的团体成员。

第二十九条　妇女联合会要加强同团体会员的联系，帮助和支持团体会员开展工作。团体会员应接受妇女联合会业务指导。

第三十条　团体会员应履行下列义务：

（一）宣传和执行妇女联合会的决议；

（二）向妇女联合会反映妇女情况，汇报工作，提出意见和建议，执行有关工作任务；

（三）向妇女联合会推荐优秀妇女人才。

第三十一条　团体会员享有下列权利：

（一）参加妇女联合会的有关活动；

（二）对妇女联合会的工作提出批评建议；

（三）团体会员的负责人参加或列席同级妇女联合会执行委员会会议。

第七章　妇女联合会的干部

第三十二条　妇女联合会按照干部革命化、年轻化、知识化、专业化的方针和德才兼备、以德为先的原则,建设政治坚定、勇于创新、求真务实、热爱妇女工作、熟悉本职业务、受到妇女信赖的干部队伍。应深化干部人事制度改革,建立健全科学的干部选拔任用机制、监督管理机制和激励机制,推进干部工作的科学化、民主化、制度化。

第三十三条　各级妇女联合会应成为培养和输送女干部的重要基地。应加强干部的培养,重视培训工作,加强培训基地建设。妇女联合会干部应合理流动。妇女联合会应经常向各方面推荐输送优秀女干部,特别要注意培养推荐输送少数民族和青年女干部。同时吸收各方面优秀人才到妇女联合会工作。

第三十四条　妇女联合会干部应努力做到:

(一) 政治坚定。具备相应的马克思主义理论水平,坚持以邓小平理论、"三个代表"重要思想、科学发展观为指导,执行党的基本路线和方针政策。

(二) 勤奋学习。学习法律、政策、科学、文化和妇女工作业务等知识,不断提高综合素质和实际工作能力。

(三) 忠于职守。开拓创新,勤奋工作,在组织、引导、服务妇女和维护妇女权益方面,努力做出实绩。

(四) 作风扎实。深入调查研究,密切联系群众,自觉接受群众监督,全心全意为人民服务。

(五) 遵纪守法。遵守国家法律法规,依法办事,廉洁奉公。

第三十五条　妇女联合会应承担对下一级妇女联合会主席、

副主席的协助管理职责。各级妇女联合会主席、副主席人选应事先征求上一级妇女联合会的意见，选举结果报上一级妇女联合会备案。

县以上妇女联合会主席、副主席任职时间不超过两届。

第八章　经费及财产

第三十六条　妇女联合会的行政经费、业务活动和事业发展经费，主要由政府拨款，提供经费保障，列入各级财政预算，并随财政收入的增长或工作需要逐步增加。

第三十七条　各级妇女联合会所属经济实体，必须认真执行国家的有关法律法规和政策，努力为妇女儿童服务。

第三十八条　各级妇女联合会可依法接纳热心妇女儿童事业的国内外人士及组织的资金和其他物品的捐赠，并依法管理，接受监督。

第三十九条　国家交各级妇女联合会占有、使用的不动产和妇女联合会所兴办的实体受法律保护，任何个人和单位不得侵占。妇女联合会所属的企事业单位，其隶属关系不得随意改变。

第九章　会徽会旗

第四十条　中华全国妇女联合会会徽为圆形，由汉字"女"和英文"WOMAN"的第一个字母"W"经艺术造型构成，象征着中华全国妇女联合会和中国妇女的进步、发展，象征着中国妇女和各国妇女的友谊、团结。

第四十一条　中华全国妇女联合会会徽，可在妇女联合会办公地点、活动场所、会场悬挂，也可作为徽章佩戴。

第四十二条　中华全国妇女联合会会旗的旗面为红色，左上角缀有黄色会徽。会徽会旗的制作标准，由中华全国妇女联合会规定。

第十章　附　则

第四十三条　中华全国妇女联合会英文译名是"AII—China Women's Federation"，缩写为"ACWF"。

第四十四条　本章程解释权属于中华全国妇女联合会。

附　录

妇女联合会选举工作条例

全国妇联关于印发《妇女联合会农村基层组织工作条例》等《条例》和《规定》的通知

妇字〔2010〕3 号

各省、自治区、直辖市妇联，新疆生产建设兵团妇联，中直机关妇工委、中央国家机关妇工委，全国妇联各团体会员：

为深入贯彻党的十七大和十七届三中、四中全会精神，进一步提高妇联组织建设的科学化、制度化、规范化水平，依据《中华全国妇女联合会章程》，全国妇联重新修订了 2004 年 12 月 13 日九届二次执委会议通过的《妇女联合会农村基层组织工作条例（试行）》、《妇女联合会城市街道、社区基层组织工作条例（试行）》、《妇女联合会机关、事业单位基层组织工作条例（试行）》、《妇女联合会团体会员工作条例（试行）》、《妇女联合会选举工作条例（试行）》、《妇女联合会执行委员会委员替补、增补及常务委员会委员增补的规定（试行）》。修改后的《条例》和

《规定》已经全国妇联十届二次执委会议审议通过，现印发给你们，请结合实际，认真贯彻执行。

全国妇联

2010 年 1 月 25 日

第一章 总 则

第一条 为完善妇女联合会选举制度，根据《中华全国妇女联合会章程》，制定本条例。

第二条 妇女联合会的最高领导机构是全国妇女代表大会。妇女联合会的地方各级领导机构，是同级妇女代表大会。省、自治区、直辖市，设区的市、自治州，县、自治县、不设区的市和市辖区的妇女代表大会，每五年举行一次。乡镇、街道、社区妇女代表大会每三至五年举行一次。由本级妇女联合会执行委员会召集。在特殊情况下，经执行委员会讨论决定，可提前或延期举行。

第三条 妇女联合会的领导机构除其派出机构外，必须经过妇女代表大会选举产生。

第四条 中华人民共和国年满 18 周岁的女性公民享有选举权和被选举权；依照法律被剥夺政治权利的除外。

第五条 妇女代表大会代表及妇女联合会执行委员会委员的产生，要充分体现妇女群众的意志。妇女联合会执行委员会委员（以下简称执委）通过差额选举产生，常务委员会委员（以下简称常委）、副主席、主席通过等额选举产生。

第六条 妇女代表大会设大会主席团，领导大会期间选举工作。妇女代表大会筹备工作由上届妇女联合会执行委员会负责。代表必须经代表资格审查委员会审查通过确定。

第二章　代表名额及资格确认

第七条　各级妇女代表大会的代表人数、名额分配及产生办法由同级妇女联合会执行委员会确定。

第八条　代表名额分配原则是按照各地年满 18 周岁的妇女人口比例进行分配，农村每一代表所代表的妇女人数多于城市每一代表所代表的妇女人数。适当考虑政治、经济、文化发展情况和工作需要，照顾少数民族地区。

第九条　各级妇女代表大会代表中，专职妇女工作者占代表总数的 50% 以内，各行各业妇女代表占代表总数的 50% 以上。其中，全国妇女代表大会少数民族代表应占代表总数的 10% 左右，非中共代表应占代表总数的 25% 以上；地方各级妇女代表大会中少数民族代表和非中共代表的比例根据实际情况确定。

第十条　各级妇女代表大会代表人选，根据代表条件，自下而上通过选举或协商推荐确定，报大会组织处审核。自妇女代表大会代表资格审查委员会审查通过之日起，代表资格有效。

第三章　执委会、常委会名额及组成

第十一条　各级执行委员会人数、组成分配方案及其产生办法由同级妇女联合会执行委员会确定。

第十二条　执委的分配原则是按照各地区、部门的妇女人口比例进行分配，适当考虑政治、经济、文化发展情况和工作需要，照顾少数民族地区。

第十三条　各级妇女联合会执委中，专职妇女工作者占总数的 50% 以内，各界妇女占 50% 以上。其中，中华全国妇女联合会少数民族执委应占总数的 10% 左右，非中共执委应占总数的 20% 以上；地方各级妇女联合会执行委员会中少数民族执委和非中共执委的比例根据实际情况确定。

第十四条 各级妇女联合会执委候选人，按照执委的条件，通过自下而上协商推荐确定，报本级妇女联合会领导机构审核，经妇女代表大会代表充分酝酿讨论，提交大会主席团审议通过，确定执委候选人名单，参加正式选举。

第十五条 各级妇女联合会执行委员会的全体会议选举主席一人、副主席（专兼职）若干人、常务委员若干人，组成常务委员会。常务委员会组成人员从执委中选举产生。常务委员会组成人员候选人由中央和地方有关方面民主协商提名，交全体执委酝酿讨论，再由大会主席团根据多数执委的意见，确定正式候选人名单，提交本届执行委员会第一次会议选举。

第四章 选区和监票人

第十六条 选举时设选区若干，参选人到指定的票箱投票，参选人不能委托投票，一般不设流动票箱。

第十七条 选举设监票人若干，在不是候选人的代表（执委）中推选产生。大会主席团常务主席在其中提名总监票人、副总监票人建议人选。总监票人、副总监票人、监票人建议人选名单经大会主席团会议审议后提交代表大会（执委会议）通过。已提名的候选人不得担任监票人。总监票人、副总监票人、监票人在大会主席团领导下，对选举的全过程进行监督。

第十八条 选举工作人员由负责选举工作的部门指定，在监票人的监督下进行工作。

第五章 选 举

第十九条 妇女联合会主席、副主席、常委、执委的选举采用无记名投票方式。妇女代表大会选举执委时，可以采取候选人数多于应选人数的差额直接选举办法进行；也可以采取差额选举办法进行预选，产生候选人人选，然后进行等额正式选举。差额比例一般不低于5%。执行委员会会议选举主席、副主席、常务委员时，采用两张选票。一张为主席、副主席候选人选票；一张为常务委员候选人选票。一次投票，分别计票。

第二十条 常委、执委候选人名单以姓氏笔划为序排列。

第二十一条 选举时，参选人数需超过应到人数的三分之二，方可进行选举。收回的选票等于或少于发出的选票，选举有效；收回的选票多于发出的选票，选举无效，应重新选举。每张选票所选人数，等于或少于应选人数为有效票，多于应选人数为无效票。

第二十二条 对选票上的候选人，参选人可以表示赞成、不赞成或弃权。对不赞成者可以另选他人。表示弃权的，不得另选他人。

第二十三条 不能写选票的参选人，可委托不是候选人的其他参选人按照参选人的意志代写。

第二十四条 选举时，根据需要可设秘密写票处。

第二十五条 投票结束后，当场打开票箱，清点票数，并由总监票人将选票清点结果报告大会执行主席，由大会执行主席宣布选举是否有效。

第二十六条 选举时，候选人、另选人获得赞成票数超过应到参选人的半数始得当选。对得赞成票超过应到参选人半数的被选人按得票数多少依次取足名额。得赞成票超过半数的被选人少于应选名额时，可以不取足名额。如遇票数相等不能确定当选人时，以反对票少者当选；若反对票也相等时，由大会主席团决定增加或减少当选名额。

第二十七条 投票完毕，总监票人向大会执行主席报告投票结果，由大会执行主席宣布选举是否有效。

第二十八条 计票完毕，总监票人向大会执行主席报告计票结果，大会执行主席向大会宣布选举结果。当选的常委、执委按姓氏笔划为序宣布。

第二十九条 妇女代表大会闭会期间，因工作需要选举主席、副主席、常务委员时，如执委在选举期间不能到会参选，经常务委员会同意，可以书面委托不是候选人的其他参选人代为投票。每一参选人接受的委托不得超过三人。委托投票总数不得超过执委总数的三分之一。

第六章　监督与补选

第三十条 妇女代表大会的代表，受选民和选举单位的监督。对代表提出质疑的，应与有关组织人事部门、监察部门核实。

第三十一条 代表候选人因故出缺，可由原选举单位补选。全国妇女代表大会代表候选人补选时限为距离大会召开30日以上。地方各级妇女代表大会候选人补选时限，根据实际情况确定。

第七章 附 则

第三十二条 各级妇女联合会根据本条例可以制定选举实施细则。

第三十三条 本条例解释权属于中华全国妇女联合会。

第三十四条 本条例自通过之日起施行。2004 年 12 月 13 日全国妇联九届二次执委会议通过的《妇女联合会选举工作条例（试行）》同时废止。

妇女联合会农村基层组织工作条例

第一章 总 则

第一条 为加强农村妇女工作，根据《中华全国妇女联合会章程》，制定本条例。

第二条 乡镇妇女联合会（以下简称乡镇妇联）和农村妇女代表会（以下简称农村妇代会）是妇女联合会在农村的基层组织，是党和政府联系农村妇女群众的桥梁和纽带，是农村基层政权的重要社会支柱。

第三条 乡镇妇联和农村妇代会以马克思列宁主义、毛泽东思想、邓小平理论和"三个代表"重要思想为指导，深入贯彻落实科学发展观，坚持和发展马克思主义妇女观，贯彻男女平等基本国策，推动中国妇女、儿童发展纲要的实施，代表和维护妇女合法权益，团结、引导广大农村妇女为建设社会主义新农村，实现农村全面建设小康社会目标贡献力量。

第四条 乡镇妇联和农村妇代会接受同级党组织和上级妇女联合会的领导。

第二章 组 织

第五条 坚持以党的基层组织建设带动妇女联合会农村基层组织建设。妇女联合会农村基层组织实行代表联系妇女群众制度。

第六条 乡镇建立妇女联合会。乡镇妇联的领导机构是妇女代表大会，每三至五年举行一次。妇女代表大会闭会期间的领导机构是执行委员会。执行委员会全体会议选举主席一人、副主席若干人，负责日常工作。执行委员会全体会议，一般每年举行一次。

第七条 农村的行政村、乡镇企业、农林牧渔场、专业市场和其他经济组织设立妇女代表会。有条件的行政村可建立妇女联合会。农村妇代会由本村年满18周岁的妇女民主选举若干代表组成，代表人数根据行政村的规模和各经济组织妇女人数而定。代表推选主任一人、副主任若干人，负责日常工作。也可召开由本村年满18周岁的妇女或妇女代表参加的妇女大会或妇女代表大会，选举产生主任一名、副主任若干名和代表若干名，组成本村妇代会。农村妇代会每三年换届一次，换届工作与村民委员会换届同步进行。换届情况报乡镇妇联备案。在居住分散的农村山区、牧区，农、林、渔场，非公有制经济组织等领域和单位，流动妇女集中的地方，妇女组织形式应从实际出发灵活设置。

第八条 成立或撤销乡镇妇联、农村妇代会组织，须经上级主管部门同意和同级妇女代表大会、妇女大会通过及同级管理部门审核，报上一级妇女联合会备案。

第三章 职责与任务

第九条 乡镇妇联的主要职责：

（一）贯彻执行上级妇联组织及同级妇女代表大会决议；

（二）讨论决定本乡镇妇女工作中的重要问题，指导所辖农村妇代会开展妇女工作；

（三）加强与乡镇内单位及其妇女组织的联系与合作，培育以妇女为主体会员的协会、联谊会和农村经济合作组织等基层

群众组织,推进乡镇妇女工作的社会化;

(四)加强乡镇妇联自身建设和村级妇女组织建设,提高妇联干部的学习能力、创新能力和服务能力。

第十条 农村妇代会的主要职责:

(一)贯彻执行上级妇联组织及同级妇女代表大会或妇女大会决议;

(二)加强与本村其他妇女组织的联系与合作,培育以妇女为主体会员的协会、联谊会等基层群众组织和农村经济合作组织,提高本村妇女组织化程度;

(三)加强农村妇代会自身建设,建立和完善学习培训、工作会议、代表联系、检查考核、评比表彰等工作制度。

第十一条 乡镇妇联、农村妇代会的主要任务:

(一)宣传、贯彻党和政府在农村的方针、政策。教育和引导农村妇女发扬自尊、自信、自立、自强精神,提高思想道德素质、科学文化素质和健康素质,成为有理想、有道德、有文化、有纪律的时代新女性。

(二)组织农村妇女参加"双学双比"、"五好文明家庭创建"、"巾帼科技致富工程"和拥军优属等活动。提高农村妇女科技致富能力,帮助农村妇女增收致富,促进农村妇女富余劳动力向非农产业和城镇有序转移。关爱农村留守妇女、留守老人和留守儿童。弘扬社会公德、职业道德和家庭美德。

(三)推动农村妇女参与村民自治实践,反映妇女的意见、建议和要求,代表妇女参与村务决策,发挥民主参与、民主管理、民主监督作用,推进农村基层民主建设。

(四)维护农村妇女儿童合法权益,宣传、普及有关妇女儿童的法律和法规,抵制封建迷信和陈规陋习,反对邪教。配合有关部门打击拐卖妇女儿童、嫖娼、卖淫、赌博、吸毒等违法犯罪行为，预防和制止家庭暴力，维护社会稳定，推进依法治村。

（五）开展农村妇女培训，普及科技、环境保护、妇幼卫生保健和优生、优育、优教等知识，指导和推进家庭教育，倡导文明、健康、科学的生活方式。组织农村妇女参加现代远程教育学习。

（六）协助党组织做好培养、推荐妇女入党积极分子和基层后备女干部工作，发挥妇联作为培养输送女干部重要基地的作用。

（七）因地制宜建立妇女儿童活动阵地和科技示范基地，为妇女儿童提供有效服务。

（八）实施"强基固本"工程，加强妇女联合会农村基层组织建设。

第四章　妇女工作者

第十二条　乡镇妇联主席的基本条件：有较高的思想政治文化素质，有参政议政和组织协调能力，热爱妇女儿童工作。

第十三条　农村妇代会主任的基本条件：政治思想好，热心为妇女儿童服务，有文化，有本领，具有开拓精神，能够带领妇女增收致富。农村妇代会主任应是村党支部或村委会成员。

第十四条　乡镇妇联主席享受乡镇党政领导副职的政治、生活待遇。农村妇代会主任的经济报酬应纳入村干部生活津贴范围。

第十五条　乡镇妇联主席、副主席人选应事先征求上一级妇女联合会的意见，换届情况报上一级妇女联合会备案。

第十六条 加强基层妇联干部教育培训，采取多种形式开展政治理论和业务能力培训，组织基层妇联干部参加脱产学习，培养造就高素质的基层妇女工作者队伍。

第十七条 加强代表、执委队伍建设，发挥她们在联系妇女、代表妇女和服务妇女方面的重要作用。

第十八条 建设巾帼和家庭志愿者队伍，组织志愿者为妇女儿童和家庭服务。

第五章 经 费

第十九条 乡镇妇联、农村妇代会经费来源：

（一）乡镇妇联经费主要由地方财政统筹解决；

（二）农村妇代会活动经费由乡村集体经济或村可使用的经费列支；

（三）开展生产性、服务性经营活动；

（四）建立经费基地；

（五）依法接纳社会捐赠。

第六章 附 则

第二十条 本条例解释权属于中华全国妇女联合会。

第二十一条 本条例自通过之日起施行。2004 年 12 月 13 日全国妇联九届二次执委会议通过的《妇女联合会农村基层组织工作条例（试行）》同时废止。

妇女联合会城市街道、社区基层组织工作条例

第一章 总 则

第一条 为加强城市街道、社区妇女工作，根据《中华全国妇女联合会章程》，制定本条例。

第二条 街道妇女联合会（以下简称街道妇联）和社区妇女联合会（以下简称社区妇联）是妇女联合会在城市街道、社区的基层组织，是党和政府联系妇女群众的桥梁和纽带，是城市基层政权的重要社会支柱。

第三条 妇女联合会城市街道、社区基层组织以马克思列宁主义、毛泽东思想、邓小平理论和"三个代表"重要思想为指导，深入贯彻落实科学发展观，坚持和发展马克思主义妇女观，贯彻男女平等基本国策，推动中国妇女、儿童发展纲要的实施，代表和维护妇女合法权益，团结、引导广大城市妇女为全面建设小康社会，推进社会主义经济建设、政治建设、文化建设、社会建设和生态文明建设贡献力量。

第四条 妇女联合会城市街道、社区基层组织接受同级党组织和上级妇女联合会的领导。

第二章 组 织

第五条 坚持以党的基层组织建设带动妇女联合会城市街道、社区基层组织建设。妇女联合会街道、社区基层组织实行代表联系妇女群众的制度。

第六条 街道、社区建立妇女联合会。街道、社区妇女联

合会的领导机构是妇女代表大会。妇女代表大会闭会期间的领导机构是执行委员会。执行委员会全体会议选举主席一人、副主席若干人，负责日常工作。妇女代表大会每三至五年举行一次，社区妇女代表大会与社区居委会换届同步进行。执行委员会全体会议，一般每年举行一次。街道妇联和社区妇联换届情况报上一级妇女联合会备案。市辖区、不设区的市妇女联合会根据工作需要设立街道妇女工作委员会（简称街道妇工委）。

第七条　专业市场、个体劳动者协会等领域和单位设立妇女代表会。妇女代表会由单位妇女民主选举若干代表组成，代表人数根据本单位妇女人数而定，代表推选主任一人、副主任若干人，负责日常工作。妇代会一般三年举行一次，换届情况报上一级妇女联合会备案。代表任职期间如有变动，可以补选。在非公有制经济组织、社会组织等领域和单位，流动妇女集中的地方，妇女组织形式应从实际出发灵活设置。

第八条　成立或撤销妇女联合会城市街道、社区基层组织，须经上级主管部门同意和同级妇女代表大会通过及同级管理部门审核，报上一级妇女联合会备案。

第三章　职责与任务

第九条　街道妇联的主要职责：

（一）贯彻执行上级妇联组织及同级妇女代表大会的决议；

（二）讨论决定本街道妇女工作中的重要问题，指导所辖社区妇联开展妇女工作；

（三）加强与辖区内单位及其妇女组织的联系与合作，培育以妇女为主体会员的协会、联谊会等基层群众组织，推进街道妇女工作的社会化；

（四）加强街道妇联自身建设和社区妇女组织建设，提高妇联干部的学习能力、创新能力和服务能力。

第十条 社区妇联的主要职责：

（一）贯彻执行上级妇联组织及同级妇女代表大会的决议；

（二）加强与辖区内单位及其妇女组织的联系与合作，培育以妇女为主体会员的协会、联谊会等基层群众组织，提高社区妇女组织化程度；

（三）加强社区妇联自身建设，建立和完善学习培训、工作会议、代表联系、评比表彰等工作制度。

第十一条 街道妇联、社区妇联的主要任务：

（一）宣传和贯彻党的路线、方针、政策。教育和引导妇女发扬自尊、自信、自立、自强精神，提高思想道德素质、科学文化素质和健康素质，成为有理想、有道德、有文化、有纪律的时代新女性。

（二）开展"巾帼建功"、"五好文明家庭创建"、"巾帼社区服务工程"和拥军优属等活动。推动和谐社区建设，参与社区服务业的经营与管理。弘扬社会公德、职业道德和家庭美德。

（三）参与社会管理和公共服务，向党和政府反映社区妇女群众的意见、建议和要求，代表妇女在基层政权建设中发挥民主参与、民主管理、民主监督作用，推进城市基层民主建设。

（四）维护妇女儿童合法权益，宣传、普及有关妇女儿童的法律和法规，配合有关部门打击拐卖妇女儿童、嫖娼、卖淫、赌博、吸毒等违法犯罪行为，预防和制止家庭暴力，维护社会稳定，推进依法治区。

（五）普及科技、环境保护、妇幼保健和优生、优育、优教等知识，指导和推进家庭教育，倡导文明、健康、科学的生活方式。

（六）协助党组织做好培养、推荐妇女入党积极分子和基层后备女干部工作，发挥妇联作为培养输送女干部重要基地的作用。

（七）因地制宜建立妇女儿童教育、服务、维权和文化阵地，拓展服务功能，为妇女儿童提供有效服务。

（八）实施"强基固本"工程，加强妇女联合会城市街道、社区基层组织建设。

第四章　妇女工作者

第十二条　街道妇联主席的基本条件：有较高的思想政治文化素质，有参政议政和组织协调能力，热爱妇女儿童工作。

第十三条　社区妇联主席的基本条件：有一定的政治思想文化素质，热心为妇女儿童服务，具有开拓精神，为群众所拥护。

第十四条　街道、社区妇联主席享受同级党政领导副职的政治、生活待遇。社区妇联主席应是社区党支部或居委会成员。社区妇联主席的报酬由地方财政统筹解决。争取政府购买公益岗位配备基层妇女工作者。

第十五条　街道妇联主席、副主席人选应事先征求上一级妇女联合会的意见，换届情况报上一级妇女联合会备案。

第十六条　加强基层妇联干部教育培训，采取多种形式开展政治理论和业务能力培训，组织基层妇联干部参加脱产学习，培养造就高素质的基层妇女工作者队伍。

第十七条　加强代表、执委队伍建设，发挥她们在联系妇女、代表妇女和服务妇女方面的重要作用。

第十八条 建设巾帼和家庭志愿者队伍，组织志愿者为妇女儿童和家庭服务。

第五章 经 费

第十九条 街道、社区妇联经费来源：

（一）地方财政统筹解决；

（二）创办经济实体；

（三）开展有偿服务；

（四）依法接纳社会捐赠。

第六章 附 则

第二十条 本条例解释权属于中华全国妇女联合会。

第二十一条 本条例自通过之日起施行。2004 年 12 月 13 日全国妇联九届二次执委会议通过的《妇女联合会城市街道、社区基层组织工作条例（试行）》同时废止。

妇女联合会机关、事业单位
基层组织工作条例

第一章 总 则

第一条 为加强机关、事业单位妇女工作，根据《中华全国妇女联合会章程》，制定本条例。

第二条 妇女委员会、妇女工作委员会是妇女联合会在机关和事业单位的基层组织，是党和政府联系妇女群众的桥梁和纽带。

第三条 机关和事业单位妇女委员会、妇女工作委员会以马克思列宁主义、毛泽东思想、邓小平理论和"三个代表"重要思想为指导，深入贯彻落实科学发展观，坚持和发展马克思主义妇女观，贯彻男女平等基本国策，推动中国妇女、儿童发展纲要的实施，代表和维护妇女合法权益，团结、引导广大女职工为完成本单位工作任务，推进社会主义经济建设、政治建设、文化建设、社会建设和生态文明建设贡献力量。

第四条 妇女委员会、妇女工作委员会接受同级党组织和上级妇女组织的领导。

第二章 组 织

第五条 坚持以党的基层组织建设带动妇女联合会机关、事业单位基层组织建设。机关、事业单位建立妇女委员会或妇女工作委员会。妇女委员会根据工作需要可下设妇女委员会分会、妇女小组。县级以上党的直属机关工作委员会建立妇女工作委员会，指导所属部门和系统的妇女委员会、妇女工作委员会工作。

第六条 妇女委员会委员由妇女大会或妇女代表大会民主选举产生。每届任期三到五年，委员任职期间如有变动，可以补选。妇女工作委员会委员由妇女代表协商推举产生。

第七条 妇女委员会、妇女工作委员会全体委员会议选举、推选主任一名，副主任若干名，主持日常工作。委员人数较多的，可推选常委若干名，组成常委会。妇女委员会换届、妇女工作委员会领导成员变动情况报上一级妇女组织备案。

第八条 成立或撤销妇女委员会、妇女工作委员会，须经同级妇女代表大会通过或同级管理部门审核，报上一级妇女组织备案。

第三章 职责与任务

第九条 妇女委员会、妇女工作委员会的主要职责：

（一）贯彻执行上级妇联组织及本单位妇女大会或妇女代表大会决议，完成妇女联合会部署的工作，推动本单位业务工作的开展；

（二）增进妇女委员会、妇女工作委员会之间及与其他妇女组织之间的交流与合作，密切同工会、共青团等群团组织的联系，共同做好本单位群众工作；

（三）加强妇女委员会、妇女工作委员会自身建设，建立和完善学习培训、工作会议、人才培养和推荐、评比表彰等工作制度。

第十条 妇女委员会、妇女工作委员会的主要任务：

（一）宣传和贯彻党的路线、方针、政策。教育和引导妇女发扬自尊、自信、自立、自强精神，提高思想道德素质、科学文化素质和健康素质，成为有理想、有道德、有文化、有纪律的时代新女性。

（二）开展"巾帼建功"、"五好文明家庭创建"和"女性素质工程"活动，组织培训、交流和研讨等活动，提高妇女的理论素养、知识水平和工作技能，弘扬社会公德、职业道德和家庭美德。

（三）推动并参与有关妇女发展政策的制定和落实，向有关部门反映妇女的意见、建议和要求，代表妇女发挥民主参与、民主管理、民主监督作用。

（四）维护女职工合法权益，协助所在单位以及有关部门查处侵害妇女儿童权益的行为。

（五）宣传、表彰妇女先进典型，建立妇女人才信息库，定期向有关部门和上级妇女联合会推荐妇女人才，促进妇女人才成长。

第四章　妇女工作者

第十一条　妇女委员会、妇女工作委员会干部专兼职结合，工作任务列入单位干部岗位职责内容。

第十二条　妇女委员会、妇女工作委员会主任的基本条件是：有较高的政治理论素质、思想道德素质、科技文化素质，有一定的参政议政和协调管理能力，热爱妇女工作，有较高威望。

第十三条　妇女委员会、妇女工作委员会主任是党员的应参加或列席同级党委委员会议。

第十四条　妇女委员会、妇女工作委员会主任，享受本单位所属部门主要负责人的政治、生活待遇。

第五章 经　费

第十五条　妇女委员会、妇女工作委员会经费来源：

（一）列入单位财政预算；

（二）实行企业管理的事业单位，经费纳入单位成本，专款专用；

（三）按照国家有关规定，多渠道扩大经费来源。

第六章 附　则

第十六条　本条例适用于县级及县级以上各级机关和科教文卫等事业单位，包括党的机关、人大机关、行政机关、政协机关、审判机关、检察机关、人民团体机关及其直属事业单位。本条例也适用于各类社会组织。

第十七条　本条例解释权属于中华全国妇女联合会。

第十八条　本条例自通过之日起施行。2004 年 12 月 13 日全国妇联九届二次执委会议通过的《机关、事业单位妇女委员会工作条例（试行）》同时废止。

妇女联合会团体会员工作条例

第一章 总 则

第一条 为加强妇女联合会团体会员（简称团体会员）工作，根据《中华全国妇女联合会章程》，制定本条例。

第二条 团体会员以马克思列宁主义、毛泽东思想、邓小平理论和"三个代表"重要思想为指导，深入贯彻落实科学发展观，坚持和发展马克思主义妇女观，贯彻男女平等基本国策，代表和维护会员合法权益，团结、引导会员为全面建设小康社会，推进社会主义经济建设、政治建设、文化建设、社会建设和生态文明建设贡献力量。

第三条 妇女联合会要加强同团体会员的联系与合作，帮助和支持他们开展工作。团体会员应接受同级妇女联合会的业务指导。

第二章 组 织

第四条 企业基层工会女职工委员会及其以上各级工会女职工委员会均是妇女联合会的团体会员。

第五条 凡在民政部门注册登记的以女性为主体会员的各类为社会、为妇女服务的社会团体，自愿申请，承认《中华全国妇女联合会章程》，经妇女联合会同意，可作为同级妇女联合会的团体会员。

第六条 团体会员按照《社会团体登记管理条例》和各自的章程（条例）建立组织机构，履行组织职责。

第七条 社会团体申请成为团体会员，应经业务主管单位同意，由社会团体向妇女联合会提交申请书、登记管理机关的批准文件、业务主管单位的推荐书等书面材料，履行登记管理手续。

第八条 团体会员实行属地化管理。全国性的社会团体，可申请成为全国妇联的团体会员；地方性和跨行政区域的社会团体，可申请成为其登记管理机关所在地的妇女联合会的团体会员。

第九条 团体会员每年底向同级妇女联合会报送年度工作报告。工作报告内容包括：本团体依照妇联章程和各自章程（条例）开展活动的情况、主要负责人和机构变动的情况以及对妇女联合会工作的意见和建议等。

第十条 团体会员领导机构换届情况报同级妇女联合会备案。

第十一条 实行团体会员年度工作会议制度。

第三章 义 务

第十二条 宣传和贯彻党的路线、方针、政策。团结和引导会员发扬自尊、自信、自立、自强精神，成为有理想、有道德、有文化、有纪律的时代新女性。

第十三条 贯彻、执行妇女代表大会和妇女联合会执行委员会会议精神和决议，完成妇女联合会有关工作部署，定期向妇女联合会汇报工作。

第十四条 协助妇女联合会在团体会员中开展调查研究，向妇女联合会提供统计资料和工作信息，反映妇女的意见、建议和要求。组织、参与有关妇女发展的理论研究和政策调研，为党和政府以及妇女联合会的有关决策提供依据。

第十五条 建立妇女人才信息库，定期向妇女联合会及有关部门推荐妇女人才，促进妇女人才成长。

第十六条 加强会员之间、妇女团体之间的联系。根据各团体自身的条件和行业特点，在业务主管单位的领导下，开展国际友好交流与合作。

第四章 权 利

第十七条 团体会员代表参加同级妇女代表大会。团体会员负责人参加或列席同级妇女联合会执行委员会会议。

第十八条 参加妇女联合会的研讨、培训、表彰、联谊以及国际交往等活动。

第十九条 对妇女联合会的工作提出意见和建议。

第五章 经 费

第二十条 团体会员活动经费来源：
（一）主管单位或部门拨款；
（二）会员缴纳的会费；
（三）依法接纳社会捐赠、资助；
（四）开展有偿服务。

第六章 附 则

第二十一条 本条例解释权属于中华全国妇女联合会。

第二十二条 本条例自通过之日起施行。2004 年 12 月 13 日全国妇联九届二次执委会议通过的《妇女联合会团体会员工作条例（试行）》同时废止。

妇女联合会执行委员会委员
替补、增补及常务委员会
组成人员增补的规定

为加强妇女联合会常、执委队伍建设，根据《中华全国妇女联合会章程》，制定本规定。

一、替补

妇女联合会执行委员会委员（以下简称执委）中的专职妇女工作者实行替补制。各级妇女联合会执委中的专职妇女工作者离开妇女工作岗位后，其执委职务自行卸免，替补人选由执行委员会决定。

1. 妇女联合会的各级地方组织和基层组织领导人，被选为中华全国妇女联合会执委，当她们调离妇女工作岗位时，由执委所在省、自治区、直辖市妇女联合会常务委员会提出免去其执委职务的建议，并提出相应的替补人选，报中华全国妇女联合会，经中华全国妇女联合会常务委员会议审议通过，提请中华全国妇女联合会执行委员会全体会议审议确认。各级妇女联合会执委中的专职妇女工作者离开妇女工作岗位，执委职务的卸免、替补也应按上述程序进行。

2. 机关和事业单位妇女组织、团体会员的领导人和解放军、武警部队的妇女工作负责人，被选为妇女联合会执委，因工作岗位变动需要卸免其执委职务时，由妇女联合会书记处或主席办公会议提出免去其执委职务的建议，并与其所在单位协商产生相应的替补人选，经妇女联合会常务委员会审议后，提请妇女联合会执行委员会全体会议审议通过。

3. 妇女联合会机关各部门和直属单位领导人，被选为执委，因工作岗位变动需要卸免其执委职务时，由妇女联合会书记处或主席办公会议提出免去其执委职务的建议，并提出相应的替补人选，经妇女联合会常务委员会审议后，提请妇女联合会执行委员会全体会议审议通过。

4. 妇女联合会执行委员会全体会议审议通过执委替补人选的程序：听取常务委员会关于执委替补人选的建议；分组酝酿替补人选；召开全体会议予以通过。

二、增补

各级妇女联合会常务委员会、执行委员会根据工作需要，可以在两次妇女代表大会之间增补执委和常务委员会组成人员。

1. 因工作需要新增妇女联合会执委时，由妇女联合会书记处或主席办公会议提出增补名额和人选，经妇女联合会常务委员会审议同意后，提交妇女联合会执行委员会全体会议表决。

2. 因工作需要新增妇女联合会常务委员会组成人员时，由妇女联合会书记处或主席办公会议提出增补名额和人选，经妇女联合会常务委员会审议同意后，提交妇女联合会执行委员会全体会议进行选举。

3. 妇女联合会执行委员会全体会议表决通过增补人选的程序：听取常务委员会关于执委和常务委员会组成人员增补人选的建议；分组酝酿增补人选；召开全体会议以举手表决方式通过执委增补人选，常务委员会组成人员以等额选举的方式产生。

三、附则

1. 本规定解释权属于中华全国妇女联合会。

2. 本规定自通过之日起施行。2004 年 12 月 13 日全国妇联九届二次执委会议通过的《妇女联合会执行委员会委员替补、增补及常务委员会委员增补的规定（试行）》同时废止。